はじめに

□厳しくすると本当に若者は辞めるのか？

「辞められると困るので、若者には強く言えない」

という言葉を耳にするようになったのはいつからだろうか？

私は目標を「絶対達成」させる経営コンサルタントとして、20年近く経営者、マネジャーと接してきたが、コロナ禍になる前、Z世代という表現が広まる前には、すでに多くの人からその言葉を聞いていた。

この背景には、パワハラ防止法をはじめとする働き方改革や、若手人材の不足があることは、容易に想像がつく。

しかし、厳しく言わないことで、若者が辞めなくなる、というのは本当だろうか。

2022年12月、『日経新聞』に「職場がホワイトすぎて辞めたい　若手、成長できず失望」という記事が掲載され、大きな話題を呼んだ。

そこで書かれていたのは、**若者がホワイトすぎる職場に、成長の機会を奪われていると感じて辞めてしまう**、というものだった。

実際に現場でコンサルティングをしていると、よくわかる。

「自分の成長のためなら、厳しいことを言われても受け止められる」

「必要があれば徹夜だってやる。ワークライフバランスばかり考えているわけではない」と答える若者は、いまだに少なくない。彼らからは誤解されたくない、という気持ちが前面にあふれ出ていた。

もちろん、「ホワイトすぎる職場＝必ず辞める」というわけではない。しかし、成長できるか不安を持たれる状況が不健全であるのは間違いないだろう。

ホワイトな環境で、若者を一人前に育てるという難題

この認識のズレは致命的だ。

「厳しくすると辞めてしまう」と上司は考えているし、若者は「優しくされすぎると辞めたくなる」と考えている。

もしこれが本当なら、

「ブラックはダメと言うからホワイトにしたのに、今度はホワイトすぎるのもダメだなんて！　どうすればいいいんだ」

と愚痴を言いたくなるマネジャーも多いだろう。

この原因は、「バランス感覚の欠如」にあると考えている。

現代のマネジャー層は、厳しい指導、悪く言うと雑な指導を受けてきた世代だ。にもかかわらず、今は自分たちが受けてきた指導法を使うことなく、若者を一人前に育てなければならない、という難題を突きつけられているのである。

適切なマネジメントの「バランス」をつかめないでいるのも、無理からぬことだ。

□上司も若者も「何を考えているかわからない」

だからといって、従来の指導のままでいい、とはならない。新しい価値観に文句を言っても何も改善しない。

マネジャー自身が変わっていくしかないのである。

その証拠に、若者の言い分もわからないでもないのだ。

これを読んでいるマネジャーの皆さんは、

「最近の若者は、何を考えているかわからない」

と思うかもしれない。

しかし若者は若者で、

「上司こそ何を考えているかわからない」

といった切実な悩みを抱えている。

「ボチボチやればいいからと言われていますが、何をすべきなのかハッキリしません」

「話は聞いてくれますが、上司が何を目指しているのかがわからないです。どうしたらいいですか？」

上司に直接聞けないので、私に質問してくるのだ。私が上司と世代が近いからだ。

いずれにしても、このように上司も若者も双方が

「何を考えているかわからない」

と受け止めている。

であれば、上司こそが若者の心理を理解し、こうした状況に対処しなければならない。

何事も「バランス」が大事

重要なのは、時代や環境に応じた適切な「バランス」を見つけることだ。

本書はそうしたバランスに悩むマネジャーに向けて、

・どういうときは厳しくして、どういうときは優しくするのか
・どういうときは励まし、どういうときはスルーするのか
・どういうときは頑張らせ、どういうときは力を抜かせるのか
・どういうときは個人の成長を促し、どういうときは組織の利益を優先させるのか

など、マネジャーが直面する難しい局面での適切な行動を解説している。

長年の経営コンサルタントとしての経験から、時代の変化を嫌というほど肌で感じてきたつもりだ。

だが、それでも、昨今の変化スピードは恐ろしいほどに速い。

どれほど感度を高めても、ついていくのは難しいと思うほどだ。

その変化スピードよりも、私がもっと気になっているのが「**多様化**」だ。

価値観も、働き方も、コミュニケーション手段も、あらゆるものが多様化している。成

功の概念さえも「**人それぞれ**」だ。

だからマネジャーは、

・人それぞれ

・ケースバイケース

この2つのフレーズを心に刻み、若者と接していくべきだ。

マネジャーがそこを押さえれば、仕事の生産性は劇的に変わるだろう。どんなに若い部下との関係も悪くすることはない。時代が変わっても一緒だ。

本書は、職場だけではなく、教育現場や育児にも役立つ内容が満載である。ぜひ「バランス」のあるコミュニケーション、マネジメントの仕方を一緒に学んでいきたい。

若者に辞められると困るので、強く言えません　目次

はじめに　1

厳しくすると本当に若者は辞めるのか？　1

ホワイトな環境で、若者を一人前に育てるという難題　3

上司も若者も「何を考えているかわからない」　4

何事も「バランス」が大事　5

第1章

「優しさ」と「厳しさ」のバランスは？

――「褒める」と「叱る」の基準とルール

「褒められて伸びる人」と「叱られて伸びる人」　16

「厳しさ」を持つべき3つの働きかけ　18

厳しく「叱る」べき2つのケース　19

感情をコントロールして「叱る」方法　23

「注意する」ために必要なルール　24

「注意する」と「指摘する」の違いとは？　27

部下を褒める「イフゼンルール」　30

「褒める」よりも１００倍大事なこと　32
存在承認を満たす効果的な方法　34
部下への期待度が低ければ、成果も出ない　36
「期待する＋褒める」で部下のやる気を引き出す！　39

第2章

「強制」と「主体性」のバランスは？
――主体性に欠ける人への強制の使いどころ

マネジャーが抱える悩みのダントツ１位が部下の「主体性」　42
主体性に欠けている人は「病気」である　44
主体性の有無を「見極める」２つの方法　46
自分自身の「モノサシ」があるかないか　47
「やらなすぎ」を脱するためには　49
「期待最大化」の思考と「不安最小化」の思考　51
「理解」を強制する　53
「目的」を繰り返し言葉にさせる　54
「思考のクセ」を意識させる　55

第3章

「スピード」と「完成度」のバランスは？

――量をとるか、質をとるか、で悩んだときの考え方

スピードと完成度ならどっち？ 58
「スピード」を優先すべき3つの理由 60
「やる気」が「やらされ感」に変わる4つのプロセス 65
「Quick & Dirty」で仮説検証を行う 67
仮説検証力をアップする「切り口」のレパートリー 68
スピードを優先させて身につく3つの能力 70

第4章

「教育」と「経験」のバランスは？

――2種類の「気づき」が人を大きく成長させる！

「経験学習サイクル」は時代遅れなのか？ 74
「わからないなりにやってみて」は禁句 76
「後出しジャンケン」がクセになっている上司の問題 78
仕事を依頼する「前」にすべきたった1つのこと 80

「気づき」の質と量が人を大きく成長させる 83
「反省の気づき」を減らして「発見の気づき」を増やす！ 85
「見通し」と「気づき」をどう配分するのか？ 86
「発見の気づき」が部下の発想力を鍛える 88
部下を急成長させる「見通し」の立て方 90

第5章 「頑張る」と「力を抜く」のバランスは？
――無理をさせるときと、させないときの見極め方

成果と成長と成功を導くマネジメントの「バランス」 92
「向き不向き」ではなく「慣れ不慣れ」で考える 94
覚えているか？　慣れているか？ 95
「好きなことをやれ」は悪魔のフレーズ 97
「学習の４段階」とは何か？ 99
頑張らせるポイントを「学習の４段階」で解説 104
成果を出すための「焦点化の原則」 106
なぜ肩の力を抜こうとすると「手を抜く」ことになるのか？ 107

第6章

「励ます」と「スルーする」のバランスは？

——部下が落ち込んでいるときに、どんな声をかけるべきか

落ち込んでいる部下に絶対やってはいけないこと 110
なぜ「落ち込んだ要因」を誰かに話すとダメなのか？ 112
部下に「ガス抜き」をさせないようにしよう 115
「ドンマイ、ドンマイ」と言ってはならないとき 118
10年早く知りたかった「ダニング・クルーガー効果曲線」 119
「教えたがるようになる」のが悪いサイン 122
他人のせいにして落ち込む部下はどうする？ 125
大事なのは「絶望の谷」に落ちた後 126
部下を励ます必要がなくなるとき 129

第7章

「個人の成長」と「組織の利益」のバランスは？

——「責任」「権利」「義務」の知っておくべき関係性

責任を果たさず権利ばかり主張する若者がいたら？ 134
「責任・権限・義務」の観点から考える 136

残業の要請は正当なものであったのか？　138
「責任ばかり押しつけられ権限が与えられていない」と嘆くマネジャーへ　140
絶対達成するために最も大事なことは「適正な目標設定」　142
「報連相」で、責任と権限と義務は理解できる　146
「報連相」の鬼になれ！　147

第8章　「強みを伸ばす」と「弱みの克服」のバランスは？
——本領発揮させる重要な2つのポイント

一目置かれて本領発揮せよ！　150
職場で活かされない限り「強み」とは呼ばない　151
「強み」を満たす2つの条件　153
強み発見力をアップさせる「美点凝視」の3つのポイント　155
本人も周りも知らない「強み」を知る方法　157
部下の「未知の窓」を開くのが上司の役割　160
「さすが」の数を集めろ！　161
そもそも「弱み」とは何か？　164
無視してはならない「欠落的欠点」　166

第9章 「チームワーク」と「競争意識」のバランスは？

――チームの形態とストレスマネジメントを意識しよう！

本当に「競争」から「共創」の時代になったのか？ 168
「共創」を重視して失敗する3つのキーワード 169
ストレスマネジメントの考え方 172
「共創」と「競争」のバランスを考える3つのポイント 176
メンバーは流動的か固定的か 177
会社は成長期にあるか成熟期にあるか 179
チームに対してか個人に対してか 180
なぜ「競争」は健全なのか？ 181

第10章 「お金」と「やりがい」のバランスは？

――何のために仕事をやるのか、と聞かれたら

「やりがい」よりも「お金」を重視する若者たち 184
統計では「やりがい派」より「お金派」が急増中！ 186
「お金」と「やりがい」ではスケール感が違いすぎる 188

「資本主義のゲーム」を戦う私たちが余裕を持つために 191
「安全の欲求」を満たす「お金」の水準も人それぞれ 194
「やりたい仕事」と「やりがいのある仕事」は全然違う 197
マネジャーは「WiiIハラ」に気をつけよう！ 199

第11章 「今までのやり方」と「新しいやり方」のバランスは？
――流行もいいけれど、忘れてはいけないこと

「タイパ」で判断する若者たち 202
何でもかんでも「新しいもの」を導入すればいいのか？ 204
正確に伝えたいなら、どんな「やり方」が効果的？ 205
会話の「キャッチボール」ができる手段を選ぶ 209
「メールで書くより、話したほうが早い」という屁理屈 212
実は意味のある「無駄な時間」と「無駄な会話」 214
関係ができていないときは「リアル」重視で！ 216

おわりに 218

第1章

「優しさ」と「厳しさ」のバランスは？
――「褒める」と「叱る」の基準とルール

□「褒められて伸びる人」と「叱られて伸びる人」

講演をしていると、経営者やマネジャーの方々から、次のような質問をよく受ける。

「厳しさと優しさのバランスは、どうしたらいいですか？」

厳しくすれば辞めてしまうかもしれないし、優しくすると期待どおりに成長しない。厳しさも優しさもどちらも大事だと思うが、どうバランスを考えたらいいのか、悩ましいというのだ。

たしかに、「褒めて伸びる人」もいれば、「叱られて伸びる人」もいる。

しかし、**大事なことは、実際に成長するかどうかだ。**

「私は褒められて伸びるタイプです」

と自分で言う人がいたとしても、それが事実かどうかは結果でしか証明できない。

本当に考えるべきは、どんなときに褒めて、どんなときに叱るのか、である。「○○ならば○○する」という**「イフゼンルール」**が曖昧だから、厳しさと優しさのバランスで悩むのだ。

そこでまずは、「厳しさ」の考え方についてお伝えしていきたい。

「厳しさ」を持つべき3つの働きかけ

あなたは、声を荒らげて部下を叱ったことがあるだろうか？

「しょっちゅうだ」

と言う人もいれば、

「ほとんどない」

「一度もない」

と言う人もいるだろう。

おそらく、厳しく叱りたいと思っている人はいないはずだ。やむをえず、心を鬼にして叱りつける。とても負荷がかかることだが、マネジャーとしての責任を考えたら、そうせざるをえないと判断する。だから、やるのである。

私は、部下の問題行動を変えるには、3種類の働きかけがあると考えている。

(1) 叱る
(2) 注意する
(3) 指摘する

「叱る」ことを奨励する書籍など、今の時代、ほとんど見られなくなった。しかし場合によっては、部下を厳しく叱る必要もある。

厳しく「叱る」べき2つのケース

厳しく叱っていいのは、重大なリスクを相手が軽んじているときだけだ。リスクがあるだけなら、言って聞かせればいい。しかし、そのリスクの重大性を理解せず、軽視していると判断したら、厳しく叱ったほうがいい。

いったん相手の思考を止める必要があるからだ。

わかりやすい例でいえば、子どもが急流の川に近づいたときだ。

「危ない！　近づくな！」

と注意を促しても、

「大丈夫、大丈夫！」

と言って聞かない。そういう場合は、

「こらァァァ！」

と大声で叱るべきだろう。子どもがビックリして泣いてしまうかもしれない。そのせいで嫌われるかもしれない。だが、子どもの命には代えられない。

「一度溺れてみたらいい。そうすれば、川の怖さがわかるだろう」

なんて、呑気なことを言ってはいられない。


では、社会人に対してはどんなときか？　それは、

(1) 取り返しのつかないことが起こるリスクを軽視しているとき

(2)「当たり前の基準」が下がるリスクを軽視しているとき

の2つのケースがある。

わかりやすいのは(1)だろう。

30年以上前。高級レストランで、アルバイトをしていたときのことだ。ホール係として結婚披露宴の準備をしていた。その際、私が4枚の皿を一度に持っていこうとして、シェフに激しく叱られた。

「心をこめて作った料理を、そんな風に持っていくな！　料理が崩れたら、どうするんだっ！」

ウエイター経験が長かった私は、4皿を一度に持って運ぶことに慣れていた。だから店長に「絶対やるな」と注意されていたのにもかかわらず、その忠告を無視したのである。

早朝から出勤し、お客様のことを思って料理をしていた3人のシェフのことを考えていなかった。

（2）は、私たちコンサルタントがとても重要視することだ。

たとえば毎朝5分、10分遅れてくる部下がいたとしよう。何度も「遅刻するな」と言い聞かせても、

「5分や10分の遅刻にそこまで言わなくても」

と言い返されたら、

「ふざけるなっ！」

と言いたくなるだろう。言葉遣いは気をつけなければならない。しかし、「徐々に、できるようになればいい」ということではなく、「即刻ルールを守らせなければならない」ときは、何よりもインパクトが重要だ。

言葉を尽くしても納得しない相手だ。そういう相手には、いったん思考停止にさせるぐらいのインパクトが必要だ。

感情をコントロールして「叱る」方法

咄嗟のときなら、仕方がない。しかし、そうでないなら、叱るときは感情をコントロールしよう。

頭にきて、唇が震えていたり、胸の動悸が激しかったりするときは、叱るのをやめたほうがいい。感情に振り回されて、「叱る」がうまく機能しないからだ。

こうなると、目的が「相手の行動を変える」ではなく「詰《なじ》る」「罵《ののし》る」になってしまう。

大事なことは、相手の行動を即刻変えることである。厳しく叱らないと相手がすぐに行動を変えないから、その手段をとるだけだ。叱ることが目的ではない。

では、どのように感情をコントロールするのか？

演技をすればいい。

つまり、事前に準備したセリフと感情レベルで、相手を叱るのだ。

演技でやっているからこそ、感情に振り回されることがなくなる。役者さながらの感情コントロールができたらベストだ。

「注意する」ために必要なルール

何度も言い聞かせて、行動や意識を変えようとするときは、叱ってはいけない。そんなことをすると、「ガミガミ言う」人になってしまう。これは親子の関係でもそうだ。「叱る」と決断したら、一発で相手の行動を変えるつもりでやろう。

何度も繰り返す必要があるなら、注意する。「注意」だと「叱る」よりはインパクトが弱い。だが、その分お互いが受けるストレスも少なくて済む。

「月間のKPIは君以外全員がやり切ってるんだから、君も必ずそうするように。いいね？」

できる限り、ニュートラルフェイス（真顔）で言おう。しかめっ面もダメだが、無理して笑顔を作る必要はない。

普段笑顔で接していれば、ニュートラルフェイスで注意するだけで、それなりにインパクトを与えることができる。

上司のその表情を見ただけで、

「ちゃんとやり切らないと、マズいな」

と部下は受け止めるはずだ。部下の問題行動が明らかになったら、「注意する」をまず選ぶべきだ。

ただ「注意する」ためには前提条件がある。それが**「ルール」**である。「決めごと」「約束」がないと、相手は戸惑うし、

「聞いてない」

「そんな話、初めて知った」

と受け止める。

注意するなら、必ず「ルール」や「基準」を明文化しておくのだ。とはいえ、

「結果を出すための個人ごとの月間ＫＰＩを決めた。今後は、必ずやり切るように」

これだけを伝えても、新たなルールを決めたとは言えないだろう。新しい文化を根づかせるには、情緒的な側面も大事にすべきだ。人は感情の生き物だから、理屈だけでは通じないことも多い。

新たなルールを作るときはセレモニー（儀式）的なこともやろう。1回でいいのだ。過去と決別するためにも、やったほうがいい。

できる限り、リアルで全員を集め、こう言うのだ。

「今期の目標を達成させるには、個別に設定したＫＰＩを必ずやり切ってもらう。1人1人と面談を繰り返して設定したＫＰＩだ。中途半端に考えないで、必ず達成するように。よろしく」

うまいことを言う必要はない。

「他はともかく、今回のことはキチンとやらないとマズいな」

という印象を与えられたらいい。こうすれば、ルールは形骸化されなくなる。そして「ちゃんとやらないとダメだろ。言ったはずだ」と注意したときに、効力が高くなるのだ。

□「注意する」と「指摘する」の違いとは？

「叱る」ときと「注意する」ときの共通点は、**相手がわかっているのにもかかわらず軽んじているときだ**。著しく気が抜けていたり、意識が低くなっているときに使う。

しかし、もし、相手が意識するのを忘れているだろうな、もしくはちゃんと伝わっていないだろうと思ったときは「指摘」してみよう。

「先日の会議で部長が、残業を20時間以内にする、と言っていたけど覚えているか。なのに、今月の時間外労働がもう25時間を超えているじゃないか」

こう指摘したとき、部下がどう反応するか、しっかり観察しよう。このようなときに必要なことが「ヒューマンスキル」である。

もし、相手の表情や言動に触れて、わかっていなかったと判断したら、
「部長はかなり本気で組織を変えようとしているから、頼むよ」
と笑顔で指摘すればいい。

部下は、残業を20時間以内にしなくてはいけないことは、わかっていたし、部長が会議で言っていたことも覚えている。

では、この部下がわかっていなかったこと、知らなかったことは何だったか？

それは「部長の本気度」である。部長が本気で組織を変えようとしていることを知らなかったのなら、仕方がない。「注意する」のはやめて「指摘」しよう。

しかしながら、
「申し訳ありません。以後気をつけます」
と部下が言っても、部下の表情や態度を観察すると「部長が本気で組織を変えようとしているのを、わかっているな」と判断した。そうしたら「指摘」では済まされない。

「部長が本気で改革しようとしているの、わかってたんだな？　だったら絶対に20時間以内にしなさい。できない場合は、事前に部長へ申請することになっていたはずだ。ちゃんとしろよ」

と、このように真顔で「注意する」。「指摘する」程度で、相手は変わらない。

やるべきことや、ルール、基準を知らない、ということはあまりない。あったとしても最初だけだ。

多いのは、認識のズレだ。特に感情面である。

・言われたとおりにやらなくても、なんだかんだ許される

・言われたとおりにやらなかったら、マズいことになる

この後者の感情をわかっていないケースが多いので、それを指摘してやるのだ。

「今回のケースは、本当に頼むよ。部長がものすごく力を入れていることだから」

「そうでしたか。申し訳ありません。キチンとやります」

「いいよいいよ。キチンとやればいいだけだから」

部下を褒める「イフゼンルール」

続いて「優しさ」の考え方についてお伝えしていこう。まずは褒め方について。

叱るのも褒めるのも「発生型」の行為だ。「設定型」ではない。挨拶や声かけは計画的にできるが、叱るのも、褒めるのも、計画してできるものではないし、やってはならない。だが、意識しないと部下を褒められない上司も多いだろう。

部下育成のために意識して褒めることを、私は「**ホメジメント**」と呼んでいる。「褒める」と「マネジメント」をくっつけた造語だ。

意識しないと、部下を褒めることができないマネジャーは、まず褒めるプラン（P）を考える。そしてプランどおりに実行（D）する。さらに、定期的に「正しく褒めているか？」「褒めるタイミングを逃していないか？」とチェック（C）し、問題があれば改善（A）する。

このようにPDCAサイクルを回すことが「ホメジメント」だ。

褒めるプランとは、「イフゼンルール」のことだ。

・もしも部下が○○をしたら、褒める

・もしも部下の行動（成果）が○○を超えたら、褒める

このような感じで、褒める「イフゼンルール」を自分の中で決めることだ。そうすることで、部下も学習するようになる。

「なるほど、こうすると褒められるのか」

「やっぱり、これぐらいでは褒められなかった」

「ホメジメント」が正しく機能すれば、上司に言われなくても部下は率先して褒められる行動をするだろう。

芯のあるマネジャーは、この基準がブレない。褒めるときは、褒める。褒めないときは、褒めない。

「褒める」よりも100倍大事なこと

「ホメジメント」は部下が褒められる行動をしたとき、成果を出したときしか使えない。

それでは、日々決められたルーティンワークをしているだけの部下を褒めてはいけないのだろうか？

もちろん、褒めない。どんなに難易度が高くても、ルーティンワークを淡々とやっている部下を褒めることはできない。

「イフゼンルール」が適用できないからだ。

それでは、何もアクションを起こさないのか？

いや、それは絶対にダメだ。

おそらく、ほとんどのマネジャーはコレができないから、部下と良好な関係を築くことができないのだ。

それが**「日々の感謝」**である。
過去と比較しての変化や、明確なお手柄がない限り「褒める」ことは難しい。だから、そんなに頻繁に部下を褒めることなんて、ないのだ。

そこで大事になってくるのは、

「ありがとう。すごく助かっているよ」

この一言が言えるかどうか。


「褒める」は発生型だが、「日々の感謝」は設定型にできる。

「週に2回は褒めるぞ！」

とは宣言できないが、

「週に2回は感謝しよう」

と計画することはできる。

照れ臭いかもしれないが、**「日々の感謝」を習慣化しよう。**「褒める」よりも100倍大事なことだ。

▢ 存在承認を満たす効果的な方法

「日々の感謝」のことを、コーチング用語で「アクノリッジメント」と呼ぶ。存在承認と表現すれば、わかりやすいだろう。

とはいえ、

「君のおかげで、助かっている。ありがとう」

と、毎日のように言える人は少ないだろう。照れ臭いから、言えても1週間に1回だ、という人も多い。

しかし、誰だって毎日のようにできることがある。それが、**そこに部下が存在していることを認めることだ**。

これが存在承認である。やり方は、とても簡単。シンプルだ。

名前を呼んで、挨拶するだけ。声をかけるだけでいい。

「田中さん、おはようございます」

「吉田さん、お疲れ様」

これでいい。短いフレーズだが、効果抜群だ。こんなに「タイパ」の高いコミュニケーションはないだろう。


「即レス」も存在承認の1つだ。

部長や課長、他の先輩からのメールにはレスが早いのに、自分のメールへのレスが遅いと、

「自分の存在が軽んじられている」

と思い込むものだ。どんなに傾聴を心がけていても、いつもメールのレスが遅いのであれば、マイナス効果のほうが高い。

自分の都合のいいタイミングで
「何でも話を聞くぞ」
「困ったことがあったら、いつでも相談してくれ」

と呼びかけても、部下はその気にならない。日ごろから自分の存在をスルーしておいて、それはないだろう、と部下は思うからだ。

評価や待遇を改善するより、まずは日ごろの「アクノリッジメント」に力を入れよう。

部下への期待度が低ければ、成果も出ない

「褒める」のも「叱る」のも、常に「後」でやる行為だ。部下が何かをしてくれないと、やりようがない。

だからこそ、部下が何かをする「前」に意識をもっていくほうが、上司はやりやすいのである。

その最適な方法が「**期待**」である。

部下が何らかの成果を出す「前」にするのが「期待」であり、「後」にするのが「褒める」

であったり、「叱る」である。

「褒めて伸ばす」だと意識しづらいが、**「期待して伸ばす」**なら、上司もわかりやすいではないか。

世の中には、

「人に期待しない」

と言う人は多い。相手に期待するからこそ腹が立つし、口を出したくなる。期待しなければ、イライラせずに人と接することができる。お互いの関係は良好になる、という言い分だ。

私はこの考えに、まったく共感しない。

その姿勢は、相手に対して失礼だと思うからだ。

期待とは、相手に投資することだ。自分の情熱をお裾分けするわけだから、その投資した分だけの情熱を回収できなかった場合は、腹が立つ。期待を裏切られると、イライラするのである。

しかし、**ビジネスは常に投資だ**。人に期待するときも、自分が何かにチャレンジするときも、必ず何らかの投資をしている。

リスクのない仕事なんて、ありえない。自分の期待どおりにならなければ残念だし、頭にくる。しかし、期待どおりにリターンがあれば、大きな喜びを得られるものだ。

必要以上にプレッシャーをかけなくてもいい。しかし「期待」はしよう。

パフォーマンス的にも、他者からの期待を受けることで成果を出す可能性が高まる**「ピグマリオン効果」**と、反対に期待が低いと、成果を出す可能性が低くなる**「ゴーレム効果」**という心理効果が知られている。

私どもコンサルタントは、この「ピグマリオン効果」と「ゴーレム効果」を、クライアント企業の現場で、しょっちゅう目にしている。

社長が部下を信じ期待している企業は、時間がかかっても、従業員たちは成果を出すようになっていく。反対に、

「うちの社員はアホばっか」

「半分以上の社員は、ダメです」

と口にするような社長のもとでは、従業員たちは力を発揮しようとしない。

親が子どもに期待をかけるように、上司が部下に「期待しているよ」と声をかけるのはとても大事な行為である。

本人の前であろうが、本人がいないところであろうが、「期待していない」「どうせアイツは無理」みたいな発言はすべきではない。

その気持ちは相手に伝わり、成果を出そうとする気持ちに影響を与える。

「期待する＋褒める」で部下のやる気を引き出す！

その人に期待することで、その人もまた期待に応えようとする。その人のことを好きになれば、その人から気に入られる可能性は高くなる。

これが「**返報性の法則**」だ。

だから、上司は部下の実力を吟味する前から100％期待するべきである。

褒めることは難しくても、期待することは誰にでもできる。スキルも技術も不要。単に心がけるだけで済む。

まとめると、こうだ。

部下が成果を出すように、しっかり期待する。期待に応えようと部下が頑張り、ある一定の基準を超えたら、「イフゼンルール」を発動する。心の底から褒めよう。

もしも、部下が期待に応えようとせず、それどころか著しく「当たり前の基準」を下回るようなことをしているなら、即行動を変えるよう「叱る」のだ。

「叱る」はよっぽどのことだから、基本的には、**「期待する＋褒める」のサンドイッチ構造を意識しよう。**

「期待」と「感謝」と「褒める」と「叱る」の関係

芯があるリーダーはイフゼンルールで
褒める・叱るを決める

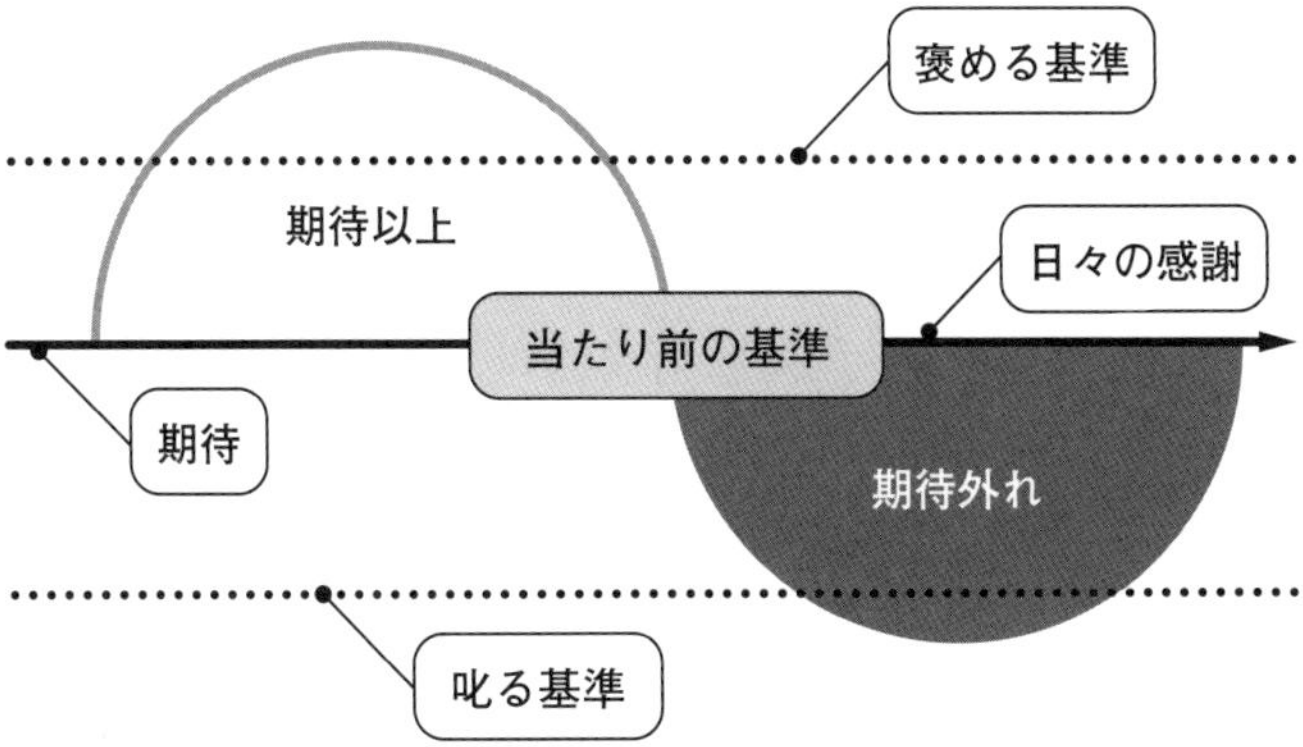

第2章

「強制」と「主体性」のバランスは？
——主体性に欠ける人への強制の使いどころ

□マネジャーが抱える悩みのダントツ1位が部下の「主体性」

20年近く「絶対達成」する組織開発の仕事をしてきて、数えきれないほどの経営者、マネジャーの方々と接してきた。その長い歴史を振り返ってみると、彼らが口にする「組織の課題」は業界や規模にかかわらず、だいたい同じだとわかっている。

その課題として挙がるフレーズの中でも、ダントツに多い表現が、

「**主体性**」

である。

以前は「モチベーション」という表現が耳についたが、最近はめっきり減った。しかしながら「主体性」というフレーズはどんなに世代が変わっても同じ。

今もまだ大きな課題として受け止められている。

「主体性」という表現には、受け身にならず、もっと自ら能動的に行動してほしい、考えてほしい、コミュニケーションをとってほしい、というマネジャーからの願いがこめられている。

一方で、

「主体性なんか期待せず、もっと強制させるべきだ」

という意見も根強い。

昭和時代から剛腕をふるってきた部課長が言うならともかく、若いスタートアップ企業の経営者からも聞く。

確かに、「主体性」ばかり重きを置いてもうまくいかないケースは多いだろう。時には「強制」も必要だ。

では、どんなケースだと主体性を重んじ、どんなケースだと強制をしたほうがいいのか。相手の状態によっても変わるだろう。

多くのマネジャーが部下指導で悩む「主体性」について、本章では解説していきたい。

▢主体性に欠けている人は「病気」である

まず、多くの人が勘違いしていることを先に書いておこう。

それは、主体的でないことが、どれほど重大な問題を抱えることになるかについてだ。

誤解を恐れずに書くと、特殊な事情がないのにもかかわらず、**主体性に欠ける人は、ビジネスパーソンとして「病気」だ**。いったんその病気を治してから出直したほうがいい。そう思えるほど深刻な疾病なのだ。

なぜか？

主体的に仕事をするのは、ビジネスパーソンとして当たり前のことだからだ。これだけＡＩやロボットが単純業務を自動化する時代に、「指示待ち」の姿勢を貫こうとするのは無理がありすぎる。

また、指示や具体的な方針が出るまで働かない受け身の姿勢が、どれほど周りの人たちに負担をかけることになるのか、少し考えればわかるはずだ。

主体性に欠ける、というだけで組織にはマイナスである。そのことは必ず胸に刻んでほしい。指導する立場のマネジャーも自覚すべきだ。

「なかなか主体的に動けないようで」

と呆れている場合ではない。上司は部下に「深刻な病気だ」と伝える義務がある。

とはいえ、そのように厳しく言ってもそう簡単に変わるものではない。

周りに受け身の人が多すぎるのか、それとも本人の感度が著しく低いのか。いずれのケースであっても、この問題を解決するには、個人ごとに、丁寧に働きかけなければならない。

では、そのために、マネジャーは何をすべきなのか？

最初にやるべきことは、**その人が本当に主体的なのか、主体的でないのかを見極めることだ。**

▢ 主体性の有無を「見極める」2つの方法

主体的でない人は、自分が主体的でないことを認識していない。

「私はどちらかというと、自ら主体的に行動するほうです」

このように採用面接でアピールする求職者がいるが、何度騙されたかわからない。もっと信用できないのが他薦だ。

「Yさんはとてもやる気があるから、プロジェクトのメンバーになったら主体的に取り組んでくれるんじゃないか」

このような言葉もまったくあてにならない。

主観的な判断ではなく、客観的に主体性が「ある」か「ない」かを判別すべきだ。

その判別は、

（1）インサイドアウト／アウトサイドイン

（2）やりすぎ／やらなすぎ

という、２つの視点で見極めることができる。

▢自分自身の「モノサシ」があるかないか

最初に紹介するのが「インサイドアウト」「アウトサイドイン」の切り口だ。

「インサイドアウト」は、問題が自分の中にあると考えることを指す。逆に、「アウトサ

イドイン」は、問題が自分の外にあると考えることを指す。

この違いは、自分の中に「モノサシ」があるかないかによって生まれる。「モノサシ」がない「アウトサイドイン」の人は、目標ではなく身近な人の思考や行動に反応する。

自分の現状を正しく認識せず、他の人が勉強していたら自分も頑張る。そうでなければ「まだいいか」と思って誘惑に負ける。衝動やストレスをコントロールできない他責寄りの思考だ。

反対に「インサイドアウト」の人は、自分の中にある「モノサシ」で自ら行動を選択する。

当然「インサイドアウト」の人は、成果が出なければ自分の責任だと捉えやすい。自分がコントロールできることは何か、コントロールできないことは何かを見極め、コントロールできることに力を尽くす。

□「やらなすぎ」を脱するためには

よりわかりやすいのは、「やりすぎ」か「やらなすぎ」かの切り口だ。**熟練の人でない限り、「ちょうどいいバランス」にはならない**。普通は、「やりすぎ」か「やらなすぎ」か、のどちらかになる。不慣れなときは、加減がわからないからだ。


一例として報連相を取り上げてみよう。やりすぎの人は、たとえば上司から、

「そんなことまで相談しろとは言っていない」

「こんなに逐一、報告のためのメールをもらったら仕事に支障が出る」

「努力は認めるけど、無駄な努力はやめろ」

と注意される。


主体的な人は、これぐらい「やりすぎ」だ。だから周りから指摘されて、ちょうどいい塩梅に落ち着く。

上司の基準が〈１００〉だったとしよう。しかし、やりすぎる人は、その基準をはるかに超えて〈３００〉ぐらいやってしまう。だから上司が驚くのだ。

「そこまでやらなくっていいよ」

と指摘を繰り返されることで、〈３００〉から〈２００〉、〈２００〉から〈１５０〉、最終的に〈１２０〉ぐらいまで落とすだろう。上司の基準より少し多いが、

「まあ、いいだろう」

と受け止められる。

一方、やらなすぎの人は、努力量が〈０〉に近い。〈10〉とか〈20〉なのだ。だから上司に

「もっと主体的に報連相をしろよ」

とハッパをかけられる。それでもせいぜい〈10〉を〈15〉ぐらいにしかアップできない。本人は１・５倍にまで増やしたので満足かもしれないが、上司の基準にはまったく届かない。

何倍にしようが、もともとの母数が少なすぎるのだ。いくら頑張ってもその努力は認め

られない。

やらなすぎの人は、文字どおり「桁違い」の努力をしないと、周りからは主体性を発揮していると は思われない。そのことは必ず頭に入れておこう。

もともと〈10〉だったものを、〈100〉とか〈1000〉にするぐらいにする気持ちが必要だ。そうでない限り、アウトサイドインの人がインサイドアウトの思考を持つことなど、できないのである。

□「期待最大化」の思考と「不安最小化」の思考

それでは、どのようにしたらバランスのよい主体的な人に変化するのか?

やりすぎの人は簡単である。

〈300〉→〈200〉→〈150〉→〈120〉と努力量を減らせばいいだけだ。能動的にやりすぎなのだから、それほど負荷を覚えさせることなく、期待基準へと近づけていける。

一方、やらなすぎの人は、「桁違い」の努力が必要になるゆえに、多くの場合、〈10〉↓〈15〉↓〈20〉↓〈40〉↓〈60〉↓〈65〉↓〈70〉↓〈74〉……。という感じで徐々に期待基準に近づけていくことになる。本人はどれぐらい足りないのかをイメージできないので、恐る恐る増やしていくから時間がかかる。

こうした「やりすぎの人」と「やらなすぎの人」の違いは、考え方の違いから生まれている。

やりすぎの人は、うまくいくか確実ではなくても、未来に期待し、時間や労働力を投下する、**「期待最大化」**の思考を持っている。

一方で、やらなすぎの人は、確実に手に入るものには力を入れるが、そうとは限らないものには及び腰になる、**「不安最小化」**の思考を持っている。

ゆえに、主体性に欠ける人を変えるためには、主体的に動くことの不安を減らしていく必要があるのだ。

▢「理解」を強制する

では、具体的な「やり方」について解説していこう。

それは、**主体的に動くべき努力量を、強制して「理解」させることだ。**

ただし、ここで言う「理解」とは、

「理解＝言葉×体験」

と考えてほしい。言葉と体験、両方が伴って理解なのである。

特に、過去の体験が乏しい若者は、「理解は前になく、後にある」と考え、「体験」を「強制」させる必要がある。

しかし、主体性のない人は、「なぜそこまでやらないといけないのか」と思うことだろう。そこで同時に進めるのが、「言葉」の「強制」である。

具体的には、**「目的」と「思考のクセ」を強制して言葉にさせることだ。**

「目的」を繰り返し言葉にさせる

なぜそのことを主体的にやるべきなのか？　その目的を伝えるのは当然だ。わかっていると思っても、繰り返し伝えよう。

「この仕事の目的は何？」

「ゴールイメージを言ってみて」

と確認する。相手が即答できるまで繰り返すといい。目の前のタスク処理に追われてしまい、視座が低くなって、視野が狭くなっている人には効果的だ。

何の目的でやっているのか、いつまでの期限で、どのような結果を出さなければならないのか。
視座を上げることで視野が広がり、別の視点でものごとを考えられるようになる。

「思考のクセ」を意識させる

ただし、それだけで理解できる人は少ないだろう。だから「思考のクセ」についても繰り返し意識させるのだ。

人間の思考のクセ、思考プログラムは過去の体験の「インパクト×回数」でできている。

「主体性を発揮しろ」と言われても、そう簡単に体は受けつけない。過去を基準に考えるので、「自分なりにやっている」「これ以上、主体的になれない」と反応してしまう。

思考プログラムがそうさせているのだ。だから頭でわかっていても、体がネガティブに反応する。

この思考のクセを繰り返し自覚させれば、いずれ「反応型」の自分から抜け出すことができる。

「なんで課長は、私の顔を見るたびに『主体性』『主体性』って言うんだ。頭にくる」

と瞬間的に思ったとしても、立ち止まることができる。

「いや、待てよ。今のが思考のクセか……。主体性について、自分の過去の基準でしか考えていなかったのかもしれない」

このように思い直すことができれば、上司が期待する基準で主体的に自分の行動を選択できるようになる。

外からの刺激に反応するだけの「アウトサイドイン」から、自らの信念で動く「インサイドアウト」の思考に変えられるのである。

上司は、このような教育・啓蒙を粘り強くしていこう。**この文章を読ませるだけでも、ずいぶんと違う**。そうすることで、心の摩擦抵抗はずいぶんと減っていく。

そうなってようやく「ドン！」と背中を押すのだ。

「体験」を「強制」するのである。

キチンと言葉にする前に「いいからやれ」「やればわかるから」と言い続けるのは乱暴なのだ。

一昔前ならまだしも、高度情報化した現代にそんなことをしては逆効果だ。

1回や2回の学び（言葉）、行動（体験）で、主体性を発揮するような人に変わることなどない。

繰り返し学ばせ、繰り返し行動させることが大事なのだ。変わるのに半年や1年かかったとしても、その後5年、10年ずっと「主体性」を発揮するようになるのなら、そのほうがお互いにとってよい。

第3章

「スピード」と「完成度」のバランスは？

——量をとるか、質をとるか、で悩んだときの考え方

□スピードと完成度ならどっち？

「スピードと完成度、どちらを優先したらいいのか？」


ある課長から、こんな質問を受けた。

望ましいのは、部下が自分の力で期限までに仕事をやり抜くことだ。

しかし、その課長の部下は、スピードを優先させると仕事の質が悪くなり、完成度に重きを置かせたら考え込んでしまうそうだ。

だからスピードと完成度、どちらを部下に優先させたらいいのか、わからないと言う。

実際に、このような悩みを抱えているマネジャーはとても多い。マネジャー自身が「スピード派」ならスピードや量を重視する。「完成度派」のマネジャーなら、完成度や質に気を遣う。

どちらも正解と言いたい。しかし、**まだ経験が浅い若手には「スピード」を優先させるべきだ**。量と質と悩んだ場合でも同じだ。量を選ぶのである。

では、なぜ完成度に重きを置くのがダメなのか。量よりも質を選んではいけないのか。

その理由は次の3つである。

(1) 大事なことを忘れてしまう

(2) 悩みを深めてしまう

(3) 途中で諦めてしまう

▢「スピード」を優先すべき3つの理由

完成度を優先させてはいけない最初の理由は、（1）の「大事なことを忘れてしまう」だ。意外と思われるかもしれない。だが、これが最もダメな理由である。

「ヘルマン・エビングハウスの忘却曲線」をご存じだろうか。

この曲線は、いったん覚えた情報でも指数関数的に忘れていくことを表している。忘却曲線は24時間後にようやくなだらかになるが、「最初の20分」「最初の1時間」で急激に記憶から失われていくそうだ。

仕事を依頼したら、20分後。無理でも、せめて1時間後にはいったん着手してもらったほうがいい。

まさに「鉄は熱いうちに打て」である。

ヘルマン・エビングハウスの忘却曲線から学べる「効果的な記憶法」

復習しないと思い出すのにドンドン苦労する

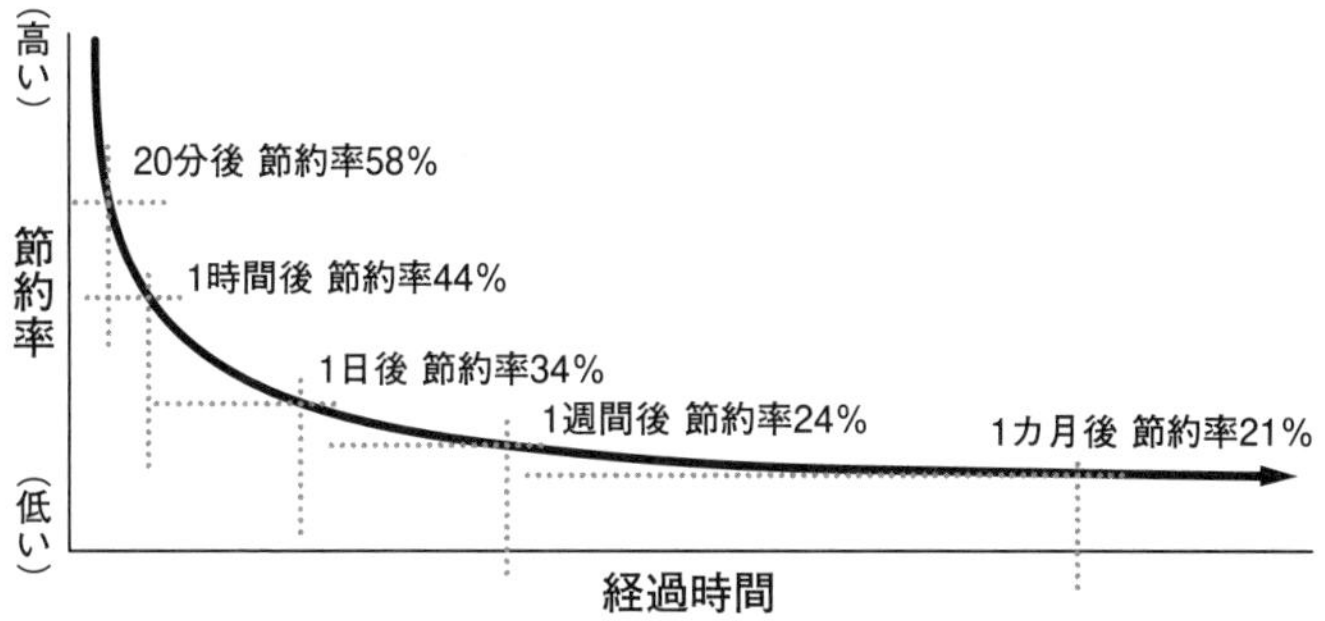

すぐに何度でも復習することで思い出すのに苦労しなくなる

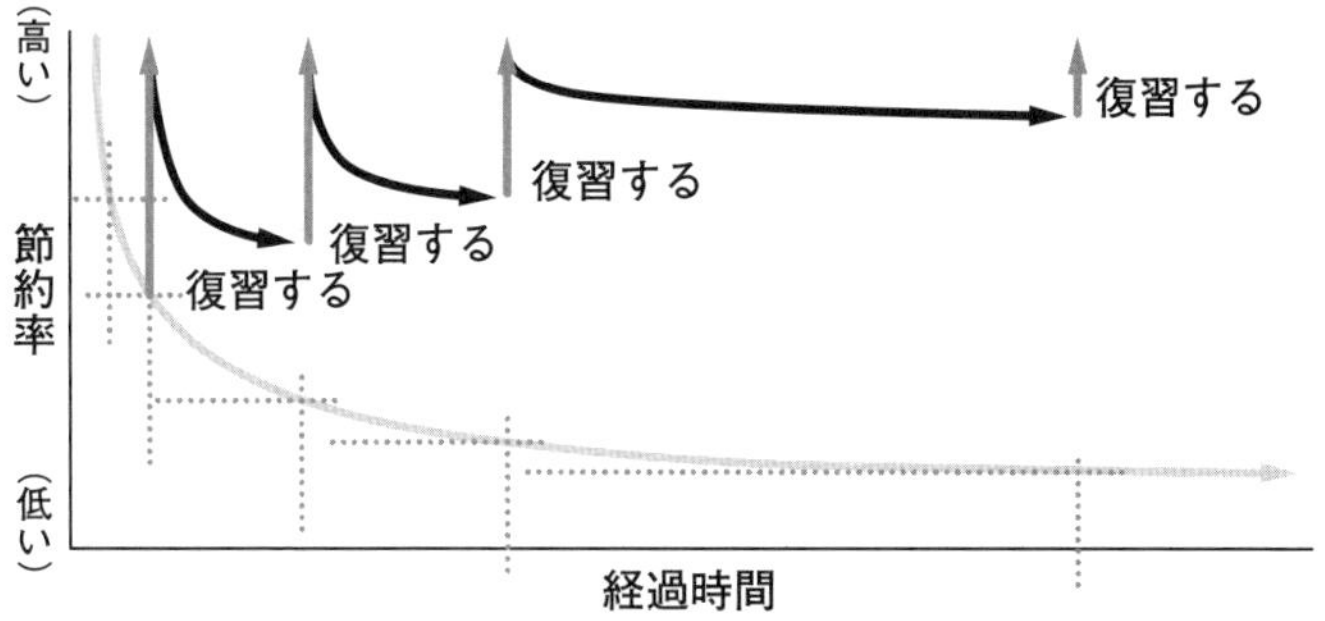

もしそれができなかったら、依頼した内容を書き留めさせておくだけでもいいが、手を動かしてもらうほうが、記憶の定着度合いは高い。

「期限まで1週間ある」

という場合でも、5分でもいいので着手してもらうべきだ。そうすることで、どれぐらいの時間がかかりそうか、部下自身も見当をつけることができ、期限直前に慌てて取りかかるということも防げるだろう。

つまり完成度を重視しようと思ったとしても、すぐに手を動かしてもらうことが重要だ、ということだ。

次に（2）の「悩みを深めてしまう」である。

完成度を優先しようとすると、悩みを深めてしまうことが多い。理由は、**考えるための「切り口」を知らないからである**。考えるための手がかり、切り口がなければ考えようがない。

「切り口」とは、考えるためのスイッチのようなものだ。

スイッチを押さないと機械が作動しないように、「切り口」が見つからなければ頭の中の「考える機械」が動かない。

そのため知らず知らずのうちに、「考える」が「悩む」に変容してしまうのである。

考えるための「切り口」を得るには、知識と経験が不可欠だ。特に「失敗経験」を通じて体得することが多い。だから何事も試行錯誤（トライ＆エラー）が必要なのだ。

精度の低い仮説であっても、その仮説に基づいてスピーディに実践（トライ）し、間違い（エラー）を通じて、

「ああ、そうか。そういうことか」

と学ぶのである。「成功があるか、失敗があるか」ではなく、「成功があるか、学びがあるか」で考えるのが正解だ。

最後が（3）の「途中で諦めてしまう」である。

完成度を優先して悩みが深まると、時間への焦りが募ることだろう。完成度を高めるどころではなくなる。そして依頼者である上司に相談することになるのだ。

「いろいろ考えたのですが、どうしたらいいかわからなくって困っています。期限が迫っていますし、どうしましょう？」

と泣きつく。当然、期限ギリギリでこんな相談をされたら、

「どうして、もっと早く相談してこないんだ！」

と怒りを覚えるのは無理もない。しかし、部下が相談できなかったのは当然だ。手を動かしていないものだから、相談する「切り口」がわからないからだ。


最悪なのは、上司が仕事を巻き取ることだろう。

「もういい、こっちでやるから」

上司がこう言って、仕事を奪ったらいつまで経っても部下は成長できない。お互いの関係も崩すことになり、いいことは何一つない。

▢「やる気」が「やらされ感」に変わる4つのプロセス

スピードよりも完成度、量よりも質を優先する思考がモチベーションの低下につながることもある。

したがって、たとえ部下が、依頼した直後は、

「わかりました！　すぐに取りかかってみますね」

と言ったとしても、きちんと行動に移しているかを確認したほうがよい。

というのは、時間が経過することによって失われるものは、依頼の詳細だけでないからだ。**最初はあったはずのやる気や熱量も急激に減少していくのだ。**

時間が経つと「すぐやろう」という感情が「まだやらなくていい」と変化する。期限が近づいてくると「期限に間に合わなくてもいい」という邪《よこしま》な考えまでが頭をよぎるかもしれない。

こうなると歯止めがきかなくなる。

「期限までにやらなくてもいい」どころか「私がやらなくてもいい」という発想まで出現して、

①すぐにやったほうがいい
②まだやらなくてもいい
③期限までにやらなくてもいい
④私がやらなくてもいい

このような4プロセスは、思考を負のスパイラルへと陥れるだろう。

①努力不足
②責任転換
③被害者意識の高まり

のプロセスとよく似ている。

スピーディに始めれば浮かび上がらなかった「悪い思考のクセ」が、こうした悪循環を招いてしまうのだ。

「Quick & Dirty」で仮説検証を行う

このような「負のスパイラル」に陥らないようにするには、どうしたらいいのか。

コンサルタントの業界には、古くから「**Quick & Dirty**」という言葉がある。「**完成度が低くてもいいから素早く**」という意味のスローガンだ。

完成度を優先して悩みを深めるよりも、素早く動いて仮説検証の数を増やしたほうが、結果的に完成度の高い仕事ができるものだ。

とはいえ「Quick & Dirty」は「下手な鉄砲も数打ちゃ当たる」の発想ではない。

そのような乱れ撃ちをやっていたら疲れるし、弾切れになる可能性もある。

だから、しっかりねらいを定めて撃つのだ。命中しなかったら、どれぐらい的から外れているかを検証して、また撃つ。外れたら、また検証して撃つ。

このようにテンポよく仮説検証を繰り返すことだ。

反対に、スピードではなく完成度を意識すると、じっくりねらいすぎることになる。外れると、さらに慎重になる。あまりに慎重にやっていると、弾切れではなく「時間切れ」になる可能性が高い。

■仮説検証力をアップする「切り口」のレパートリー

仮説の精度を上げるために「しっかり考えさせたい」という気持ちはわかる。しかし、実践しなければ仮説を検証する「切り口」は手に入らない。

たとえば商談で考えてみよう。

商談の質を高めたいと考えても、質を高めるための「考える切り口」はいくつあるだろうか？　10個や20個では足りないだろう。

・どんな「準備」をすればいいかを考えるための「切り口」

・どんな「雑談」をすればいいかを考えるための「切り口」
・どんな「情報収集」をすればいいかを考えるための「切り口」
・どんな「情報提供」をすればいいかを考えるための「切り口」
・どんな「提案」をすればいいかを考えるための「切り口」
・誰と「同行」すればいいかを考えるための「切り口」
・同行者にどんな「情報共有」をすればいいかを考えるための「切り口」
・商談を前に進めるためにどんな「問いかけ」をすればいいかを考えるための「切り口」
・お客様の反応を見極めるのにどんな「問いかけ」をすればいいかを考えるための「切り口」
・他部署のキーパーソンを紹介してもらうのにどんな「問いかけ」をすればいいかを考えるための「切り口」

たかが商談、されど商談である。考えるべきことは、数えきれないほどある。経験があればあるほど、「切り口」のレパートリーを多く持っているはずだ。そのため、まだ経験が浅い若手にこのような「切り口」がないのは当然だ。

いくら「考えます」と本人が決意しても、実際には考えようがないことが多い。

失敗経験を重ねるたびに、

「そうか、もっとこの視点を持たないとダメなのか」

「ようやく課長が言っていたのがわかった。やはり事前に○○を用意しておくべきなんだ」

このように「発見の気づき」「反省の気づき」が増えていくもの。考える「切り口」が資産化していくのだ（「発見の気づき」「反省の気づき」は85ページを参照）。

スピードを優先させて身につく3つの能力

では、スピードを優先させることで、どんな能力が身につくのか。代表的なものを3つ紹介しよう。

(1) チャレンジ精神
(2) 考える力
(3) やり抜く力

わかりやすいのは(1)「チャレンジ精神」であろう。

「Quick & Dirty」を心がけていれば、**否応なしにチャレンジ精神が身についていく**。精神というか、これはある種の「クセ」である。チャレンジする「クセ」や「習慣」が自然と手に入るのだ。

「10秒考えてもわからない問題は、それ以上考えても無駄だ」

こう言ったのは孫正義氏である。チェスをする際に、5秒で考えた一手と30分考え抜いた一手は、実際のところ86%同じである――この「ファーストチェス理論」とよく似た発想だ。

5秒とか、10秒とかは大げさだが、一般人であっても、2分以上考え続けることは難しい。

したがって、1~2分考えても、2~3日考えても、結局は同じ。そう学んだら、すぐ行動に移すことができる。うまくいかなくても失敗ではなく「学び」と捉えられるようになり、チャレンジするのが楽しくなってくる。

チャレンジすればするほど「学び」が増え、仮説の精度が上がっていくからだ。

ここまで読んだ方ならもうおわかりだろう。完成度よりもスピードを重視したほうが、(2)の「考える力」が身につく。

チャレンジして失敗した数だけ「切り口」のレパートリーが増えることはすでに書いた。「切り口」のレパートリーが増えることで、いろいろなシチュエーションで考えることができ、**質の高い仮説を立てられるようになる**。

だからスピード感を大事にし、数多くの実践をすることで「考える力」が身につくのだ。

最後が(3)の「やり抜く力」である。もちろん、この能力が最も重要だ。

完成度ばかり気にして着手するのが遅くなり、結局できる人が仕事を巻き取ってしまっては、いつまで経っても独り立ちできない。

だが、たとえ1つ1つの仕事の質が悪くても、スピーディに仕事を始めさせれば、部下の早め早めの相談を引き出すことができる。先回りして手を打つことができる。試行錯誤を繰り返すことで、期限までに完成はさせられる。

まさに、これが「Quick & Dirty」の核心的な部分だ。

仕事を「やり抜く」経験が自信につながり、大きく成長させてくれる。仕事をするうえで、スピードというファクターは、それほど重要なのである。

第4章

「教育」と「経験」のバランスは？

——２種類の「気づき」が人を大きく成長させる！

□「経験学習サイクル」は時代遅れなのか？

若い部下を早く成長させたいとき、教育なのか、それとも経験なのか。どちらを重視したほうがいいのか。

組織行動学者のデイビッド・Ａ・コルブ氏が提唱した「**経験学習サイクル**」からすれば、経験重視と言えるだろう。

経験学習の４つのプロセスは、次のとおりだ。

①実際に経験する（具体的経験）
②多面的な視点から振り返る（観察・反省）
③新しい考えや理論を作り上げる（抽象的概念化）
④新しい考えや理論を試してみる（活動的実験）

このサイクルを連続的に実践することで、ものごとを深く理解できるようになる。自身の現状を正しく認識できるし、当然、その過程において仮説検証力もアップする。

だが、私は20年近いコンサルティング経験から、この**「経験重視」の姿勢はやめたほうがいい**、と思っている。

時代は変わった。

昔は一部のコンサルティング会社が独占していたノウハウやメソッドも、今では誰でもすぐ手に入る時代だ。

そんな時代に経験からスタートさせるやり方は、果たして支持されるのか。若者の成長を遅くさせるどころか、本人のやる気を著しくダウンさせることになるのではないか。

▢「わからないなりにやってみて」は禁句

多くのマネジャーに問いたい。部下に仕事を依頼する際、

「わからないなりにやってみて」

「まずは、自分で考えて手を動かして」

こんな曖昧な表現を使っていないだろうか。


特に注意すべきは、「**とりあえず依頼**」と呼ばれるものだ。

「とりあえず、この分析をやっておいて」

「どんな教育が最近のトレンドか、調べておいて」

このように思いつきで仕事を「とりあえず依頼」するマネジャーは、気をつけたほうがいい。


これらの依頼は目的が明確でないゆえに、部下に質問されてもマネジャーは答えられな

い。そのため、

「この分析は何のためですか？」

「どんなデータを集めればいいですか？」

といった質問に対し、

「自分で考えろ」

と頭ごなしに叱って、部下は指示不足の中で仕事を進めることになる。

仕方がないので部下は勝手に考えて仕事をすることになるのだが、そうすると
「誰がこんなやり方をしろと言った？」
と嫌味を言う。そして「ダメ出し」した後に、初めて自分のアイデアを披露するのだ。

これは**「ダメ出し文化」に染まってきた昭和世代の悪しき伝統だ**。相手よりも自分のほうが優位だということをわからせるために、

「何事もまずは経験だ」

と言ってやり方を教えないのである。失敗させ、一度恥をかかせてから、上から目線で仕事を教える。

「私が新入社員だった頃は、いきなりお客様のところへ行かされたもんだ。上司は何も教えてくれなかった。泣きそうになりながらお客様のところをまわったんだぞ」

と過去のエピソードを話して聞かせるのだ。そして
「だけど、あの修業時代があったから、今の私がある」

と、過去を正当化するマネジャーは多いが、そんな修業時代はないほうがいいに決まっている。

自分が苦労したからといって、部下にも同じ経験をさせる必要はないのである。

□「後出しジャンケン」がクセになっている上司の問題

「とりあえずやれ」

「まずは手を動かせ」

と指示し、後からやり方を披露するアプローチは、部下の成長に悪影響を及ぼす。

「後出しジャンケン」のような指導は、経験学習サイクルの本質を見失わせるからだ。

このサイクルは、①経験すること、②多面的な視点からの振り返り、③新しい考えや理論の創造、④それらの試行、という4つのプロセスから成る。

しかし、実際には若い人々がこのサイクルを適切に遂行するのは難しい。特に、新しい考えや理論を作り上げることは非現実的である。

マネジャー自身も難しいはずだ。


たしかに、今の世の中はノウハウであふれている。

しかし若者に仕事を任せるときに、

「まずは経験。ダメ出しは後」

これを繰り返していると、部下は「でも」「だって」「どうせ」といった、「D言葉」を使うクセがついてしまう。

「でも無理です」

「だっていつもそうじゃないですか」

「どうせ自分が考えても否定してくるでしょ？　やっても意味ないですよ」
このように、不貞腐れるのだ。

ダメ出し版の経験学習サイクルは、次のような４つのプロセスを踏むだろう。

①実際に経験する
②ダメ出しされる
③自信喪失する
④新しいことを試したくなくなる

マネジャーがとりあえず感覚で部下に仕事を投げると、部下も「とりあえずこなす」ことが目的になってしまう。これでは、いつまで経っても部下は育たない。

仕事を依頼する「前」にすべきたった1つのこと

したがって大事なことは、**前提を揃えることだ**。

どこまでの仕事をしたらOKなのか。そのための仕事のやり方はどんなものがあるのか。それを言葉にして、事前に認識合わせをする。

では具体的にどうしたらいいのか？

心がけることはたった1つだけ。

それは「見通し」を立てることだ。

「見通し」とは、ものごとの進展や将来を予測すること。具体的には、**「初めから終わりまで」が明確に見通せるかが重要だ。**

たとえば、分析の依頼をする場合、どのようなパラメータが重要か、それをどう分析し、結果をどうまとめるかという点を、部下に問いかけることで明確化させるのだ。

急かさず、否定せず、丁寧にやろう。困ったときには、掘り下げる質問を繰り返してみる。

「より具体的には何をすればいい？」

「たとえば何がある？」

具体的に掘り下げるには、この2つの質問は便利だ。


部下の考えを促すコツは、尋問にならないよう柔らかい表現で質問していくこと。そして適宜助け船を出すこと。上司自身もわからなければ、素直に伝えるのもいい。

「実は私もわかってないんだ。一緒に考えないか？」

「そうなんですね。お願いします」

この共同作業によって「見通し」が立つと、仕事の進行がより明確になり、部下も自信を持って取り組むことができる。


とはいえ、どんなに精度の高い「見通し」を立てたとしても、想定していなかったことは起こるものだ。それでも、「見通し」を良くすることで、未来への希望が持てる。前に進もうとする気持ちが晴れやかになるのだ。

▢「気づき」の質と量が人を大きく成長させる

人が成長するのに「気づき」は重要な要素だ。質の高い「気づき」を数多く得ることで、誰だって大きく育つことだろう。

人を成長させる「気づき」は、いろいろな場面で得られるはずだ。本を読んだとき、研修を受けたとき、商談を行ったときなど、異なる状況でさまざまな気づきが生まれる。しかし、気づきには質の差がある。

たとえば「時間管理術」の本を読んで、

「あらためて時間管理って大事だな」

という気づきを得たとしよう。果たしてこの「気づき」は、質の高い「気づき」なのか。それとも質の低い「気づき」なのか。

これは質の低い「気づき」である。「時間管理術」の本を読もうとしているわけだから、

「時間管理が大事だ」ということは、読む前からわかっていることだ。

本来望ましいのは、

「この本を読んで自分は何を得たいのか。どんな問題を解決したいのか？」

と自問自答して、「見通し」を立てることである。

多くの場合、著者のプロフィールや目次を参考にすることで、具体的な問題や期待を考えることができる。

「先送りの習慣はどうすればなくなるのか？」

「締め切りの概念を見直したい」

「1日の分割方法について書かれてある。これはどういうことか？」

このように「見通し」を立てることで、質の高い気づきを得ることが可能になる。

講演についてもそうだ。

講演を聴く前から、簡単に想像できる感想しか抱けないようでは、投資対効果が低すぎる。事前に期待や疑問を整理し、具体的な気づきを得ることでコスパは高められる。

「反省の気づき」を減らして「発見の気づき」を増やす！

本を読むときも、講演を聴くときも、商談を行う際にも、常に「見通し」を立てて臨んでいれば、毎回質の高い「気づき」を得られるだろう。

このように、事前に見通すことができなかった質の高い気づきを**「発見の気づき」**と呼ぶ。

反対に、事前に予想可能なものや当たり前の事柄に気づくことを**「反省の気づき」**と呼ぶ。

たとえば、商談前に組織図を確認しておくべきだったなど、後から気づくことではない。

それに、「反省の気づき」ばかりで、「発見の気づき」が少ないと成長も遅くなる。仕事をしていても楽しくないだろう。

だから「見通し」を立てることが大事なのだ。**「見通し」のレベルを上げていくことで、**

「反省の気づき」は減り、自然と「発見の気づき」は増えていく。

▢「見通し」と「気づき」をどう配分するのか?

もう少し具体的な事例を書いてみよう。

たとえば、上司から「とりあえず分析しておいて」と言われてやったとしよう。

すると、仕事をしているうちに、いろいろ気づくことがあるはずだ。


「もう少し細かく確認して取り掛かればよかった」

「データについてはSさんに調べてもらったらよかった」

「そういえば分析のやり方がわからない」

「どこまで分析すればよいのか?」

「意外とデータって、いろいろな種類があるんだな」

「分析を任せてもらえて、新たな視点が手に入った」

「もっとこの分野の勉強をしたいという気持ちになった」

それでは、これらの気づきを、「反省の気づき（★）」と「発見の気づき（☆）」の2種類で分解してみよう。


「もう少し細かく確認して取り掛かればよかった（★）」

「データについてはSさんに調べてもらったらよかった（★）」

「そういえば分析のやり方がわからない（★）」

「どこまで分析すればよいのか？（★）」

「意外とデータって、いろいろな種類があるんだな（☆）」

「分析を任せてもらえて、新たな視点が手に入った（☆）」

「もっとこの分野の勉強をしたいという気持ちになった（☆）」


初めての仕事をするなら「反省の気づき（★）」が多くなって当然だ。しかし仕事をこなして学習していけば、自然と反省の気づき（★）は減って、発見の気づき（☆）のほうが増えていく。

経験を積むと「見通し」を立てられるようになるからだ。

だがこれは、とりあえず経験させて、後でダメ出しによって教育するべき、ということではない。

独り立ちするまで、上司が一緒になって「見通し」を立てるべきだ。目安として、**「見通し」と「気づき」の配分が「1：1」になることを意識するとよい**。

すべてにおいて、完全に見通すことはできない。だから「気づき」をゼロにはできない。だが、「見通し」のレベルを上げることで、「反省の気づき」を減らし、成長を促すことができる。

「発見の気づき」が部下の発想力を鍛える

見通しを立てるのは、部下本人がすることだ。しかし、まったく何も知らない状態では見通しなど立てられるはずがない。

だから、**最初に「教育」が必要なのだ。**「基礎教育」がなければ、考えるための知識も視点も持てない。

基礎教育を受けた後、部下1人で見通しを立てるようにする。不足があれば、マネジャーが共同で見通しを立てる。これが質の高いＯＪＴ（職場内訓練）となるのだ。

共同で見通しを立てたら、仕事が終わった後に得た「気づき」も共同でシェアできる。たとえば、顧客データ分析に関する新しい視点を得たり、未考慮の点に気づいたりすることがある。

当たり前のことでない限り、**部下の気づきを共有し、一緒に面白がることが大切である。**たとえ上司がわかっていたことでも、部下の目線で感想を言うことも大事だ。「私も初めて気づいた」「これは大きな発見だな」と、「発見の気づき」を得たことを部下と一緒に面白がるのだ。

「発見の気づき」は、まさにセレンディピティ（素敵な幸運）である。

思いがけない発見があることで、発想力は鍛えられる。
チャレンジ精神を養い、仕事にやりがいをもたらすこともできる。

▢部下を急成長させる「見通し」の立て方

まとめると、部下に指示を出す際は、「とりあえずやらせる」のではなく、先に見通しを立てさせる。

経験が浅い場合は、共同で見通しを立て、サポート役に徹する。

そして仕事が終わった後、必ず「気づき」を共有し、次の見通しに活かす。

「発見の気づき」を積極的に共有し、共感コミュニケーションを図ることが重要だ。

教育の割合が増えている現代では、基礎教育や事前学習を強化することで、経験の質が高まり、成長スピードが上がる。

以上を踏まえて、「経験学習サイクル」を次のようにアップデートさせたい。

①基礎教育を受ける
②見通しを立てる（経験が浅いときは上司と共同で）
③具体的に経験する
④振り返って気づきを得る
⑤新しく見通しを立てて試してみる

このような「見通し」と「気づき」を意識した「経験学習サイクル」を試していこう。
時代は変わり、教育や学習の重要度は増しているのだから。

第5章

「頑張る」と「力を抜く」のバランスは？

——無理をさせるときと、させないときの見極め方

□成果と成長と成功を導くマネジメントの「バランス」

おそらく、部下を成長させるうえで最もマネジャーが気になるのは、どんなときに頑張らせて、どんなときに頑張らせない（力を抜かせる）か、ではないか。

力が入りすぎるとポテンシャルを発揮できず、リラックスすることで本来の力が出ることもある。

しかし、これは経験豊富なベテランに限られる。

経験の浅い若者に対しては、

「頑張らなくていいから」
「自分のペースで進めていいよ」
と言うと、成長しない可能性があるからだ。

成長を実感できなければ、熱意ややる気も削がれる。このような状況は次のような、「負のスパイラル」に陥るリスクがある。

①部下に無理をさせない
②部下が成長しない
③仕事を任せられない
④部下のやる気が落ちる
⑤余計に部下に無理をさせられない
といったスパイラルだ。

では、どうしたらいいのか？

本章は、どのような状況だと「頑張らせる」ほうがいいのか。どのような状況なら無理をせず「力を抜く」ほうがいいのか、そのタイミングについて解説する。

これについては、**「学習の4段階」**というフレームワークを用いて考えていくこととしよう。

ただしその前に、

- **覚えているか？**
- **慣れているか？**

この2つの判断基準について理解を深める必要がある。

▢「向き不向き」ではなく「慣れ不慣れ」で考える

世の中には、その仕事に「向いている／向いていない」という判断基準で考える人がいる。

結論から書くと、向き不向きで仕事を捉えるなんて、とても短期的な思考だ。
なぜなら、仕事というのは分解すると、数えきれないほどの多様なタスク（業務・作業・処理）で構成されており、その多くは「慣れ」によって習得できるからだ。

たとえば、「モノづくりに向いている」と自認する人でも、ＩＴを活用した文書作成、チーム統率、品質管理など、多様なスキルが必要である。
これらのスキルは、ただ機械を操作するだけではなく、継続的な学習と実践によって身につけるものだ。

だからポイントは、「向き不向き」ではなく「慣れ不慣れ」なのだ。

覚えているか？　慣れているか？

スキルがあるかどうかを気にする人がいる。現時点でできないことを、できるようになることを「スキルアップ」と言う。

この「スキルアップ」に興味を持つ人は多い。しかし、結局スキルがあるかないかというのは、**ほとんどのケースで新たな知識を覚えて、慣れるかどうかにかかっている**。

覚えること、慣れること。この連続でスキルアップするものだ。


もちろん、フィジカルな要素が必要なら体を鍛えて筋肉量を増やしたり、発声練習を通じて声の出し方を変えたりしなければならない。

しかしそういったことも、トレーニングの知識を覚えて、トレーニングに慣れていけば、個人差はあってもいずれ手に入るものだ。

つまり部下を成長させ、成果を出させるために必要なポイントは、

- **頭で覚える**
- **体で覚える**

の2つだけなのである。

私の講演では、

「覚えているか?」

「慣れているか?」

というフレーズを常用している。

この質問に対する答えは、その人が知識をしっかりと理解し、実践に移しているかを示す。

部下を育成するときも、育児をするときも、すべて同じ。この2つのポイントを必ず押さえ、1つずつステップアップさせることが成果を出すために重要なのだ。

「好きなことをやれ」は悪魔のフレーズ

次に、部下を成長させるために、どんな行動を先に覚えるべきか、慣れるべきか。そのことについて解説しよう。

退屈な話で申し訳ないが、**まずは土台となる習慣や技術を身につけさせることだ。**

「成功するためには、自分が好きなことをやろう」
と言う人がいる。しかし、この表現は罪深いと私は思っている。
多くの人を勘違いさせる悪魔のフレーズだ。

たとえば、私の息子は幼い頃からサッカーが大好きだったが、うまくなれなかった。どんなに大好きでも、同学年の子たちから後れをとった。その原因の1つは、親の私にもあると思っている。

小学校高学年になっても、息子はなかなかリフティングができなかった。息子はサッカーが大好きだったが、リフティングの練習を嫌っていた。

そんな息子に対して私は、「そんなにイヤなら、無理してやらなくてもいい」と言ってしまっていた。

私はサッカーのことなど全然知らない。だから、リフティングがどれほど基礎を鍛えるうえで重要なのかを理解していなかったのだ。

つまり、どんなものごとも、分解してみたら、好きでもないことをやらなくてはいけないときがある。自分には向いていないことも、努力して克服しなければならないのだ。

だから、マネジメントするときは、基礎的なことではあるが苦手なこと、不向きなこと、気が進まないこと、好きでもないこと、それらに焦点を合わせる必要がある。

□「学習の4段階」とは何か？

有名な「学習の4段階」を用いて部下の成長を考えると、以下のように分類できる。

(1) 無意識的無能（知らないからできない）
(2) 意識的無能（わかってるけどできない）
(3) 意識的有能（意識するときだけできる）
(4) 無意識的有能（意識しなくてもできる）

1つ1つ解説していこう。

1つ目は「無意識的無能」、「知らないからできない」という状態である。車の運転にたとえると、運転方法を知らないから運転できない、ということだ。

2つ目の「意識的無能」は、「知っているのにできない」という状態である。車の運転にたとえると、運転方法は学んだけれども実際の運転はできない状態のことだ。

3つ目の「意識的有能」とは、「意識しているときはできる」という状態を指す。トレーニングを繰り返し、身体に覚え込ませている最中である。教習所で何度も運転の練習をすると、意識すればなんとか運転できる状態になるだろう。

ただし「意識的有能」状態のときは肩に力が入り、常に緊張する。まだ慣れていないから、それなりのストレスがかかるものだ。この状態のときが一番大切で、しっかりと状態を見える化し、マネジメント対象とする。

4つ目が「無意識的有能」だ。これは無意識でも、できてしまう状態のことだ。「できる」

①学習の4段階（無意識的無能）のイメージ

①まだ知らないのでできない状態である

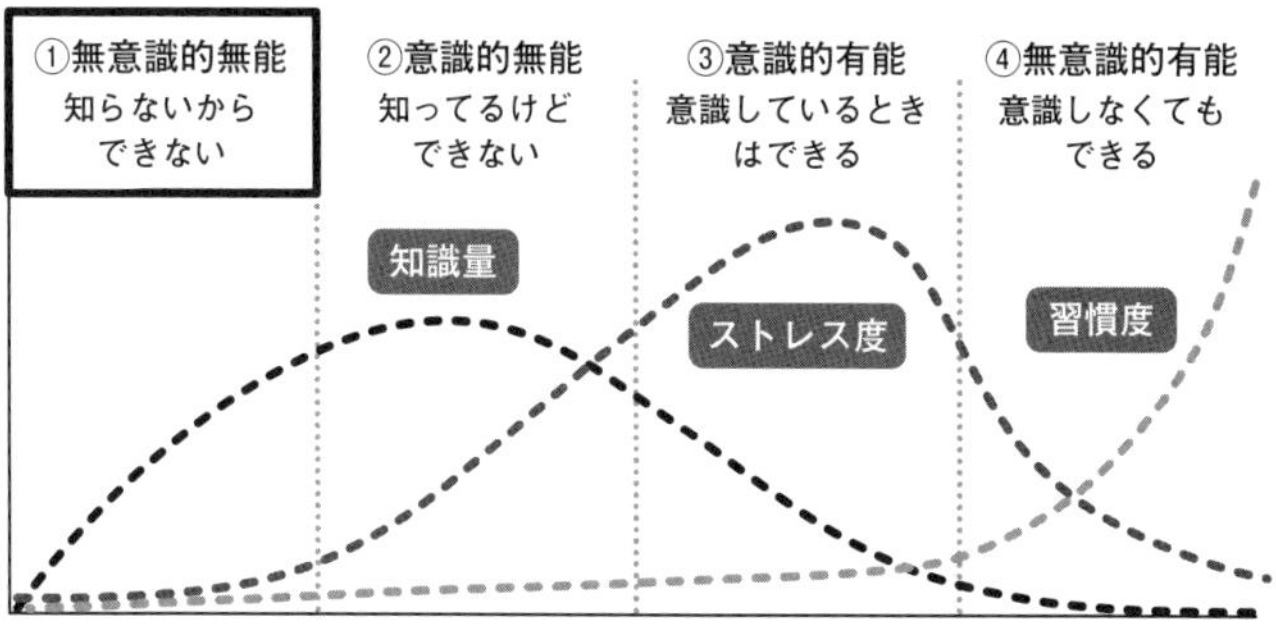

これから知識を手に入れる段階

②学習の4段階（意識的無能）のイメージ

②知識は得たがまだできていない状態である

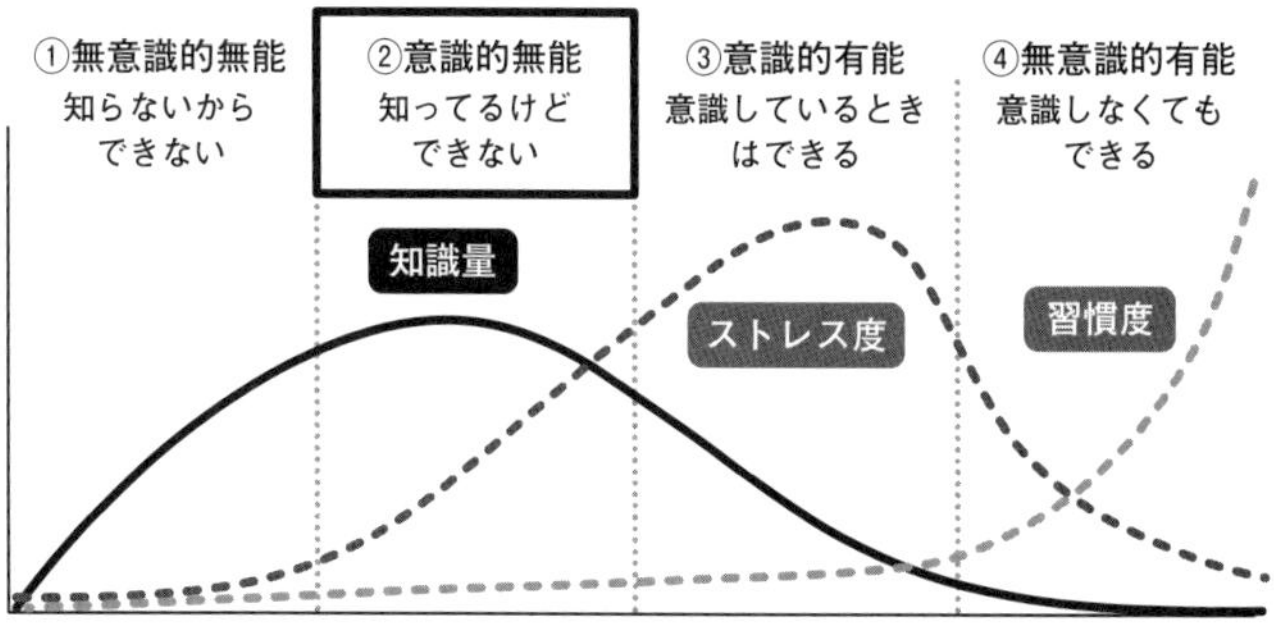

研修などを受けて今後何をすべきかはわかったが、
まだ動いていない段階

のではなく、「できてしまう」状態だ。

ストレスは一切なし。モチベーションなどまったく関係がなくできる。なぜなら、それをすることが「当たり前」になっているからだ。いわゆる「習慣化」した状態のことである。

この状態になれば、頑張らなくてもよくなる。なので、マネジメント対象から外す。無理をさせないようにする、ということだ。

車の運転で表現すればわかりやすいだろう。運転に慣れている人であれば、頑張らなくても運転できる。運転の細かい所作を意識しなくても、運転して目的地に到着することができる。もう頑張る必要はない。力を抜いて運転すべきだ。

このように部下を成長させる際、真っ先に考えなければならないのが、**どんな行動を「無意識的有能」の状態にするか**、である。

これさえハッキリさせれば、部下を成長させるマネジメントは、もう理解したようなものだ。

③学習の4段階（意識的有能）のイメージ

③意識しているときだけでき、習慣化はしていない状態である

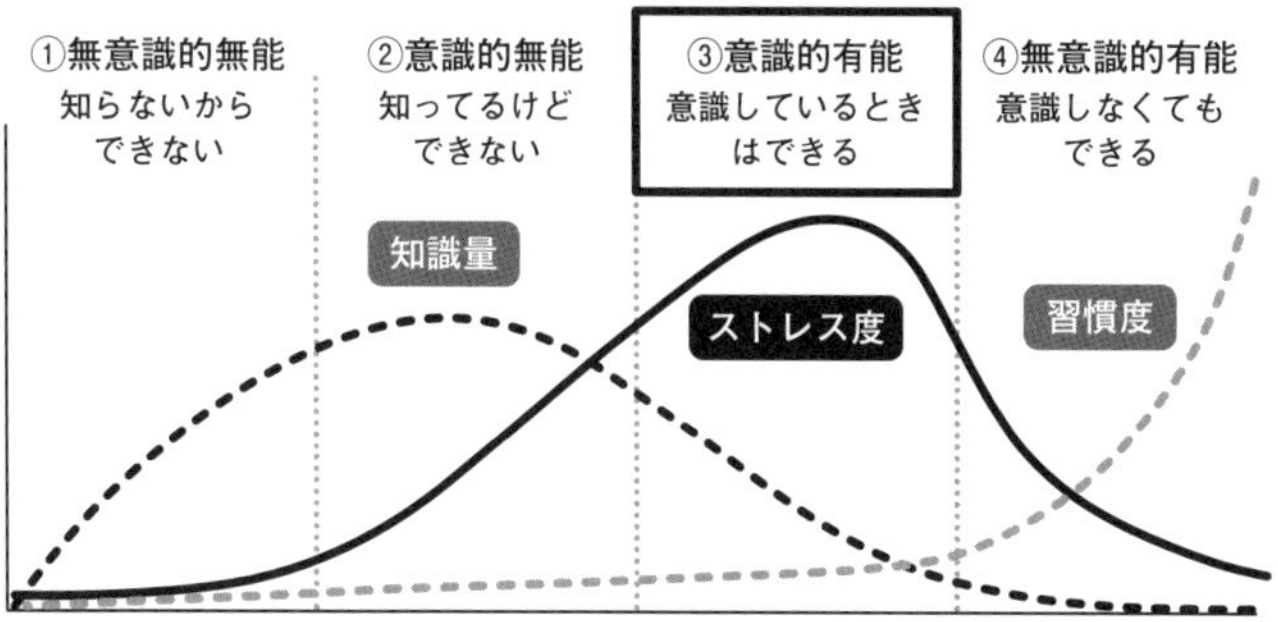

周囲に「意識させられ」ないとできない状態なので
強いストレスが高まる段階

④学習の4段階（無意識的有能）のイメージ

④意識しなくてもできる状態である（ストレスフリー）

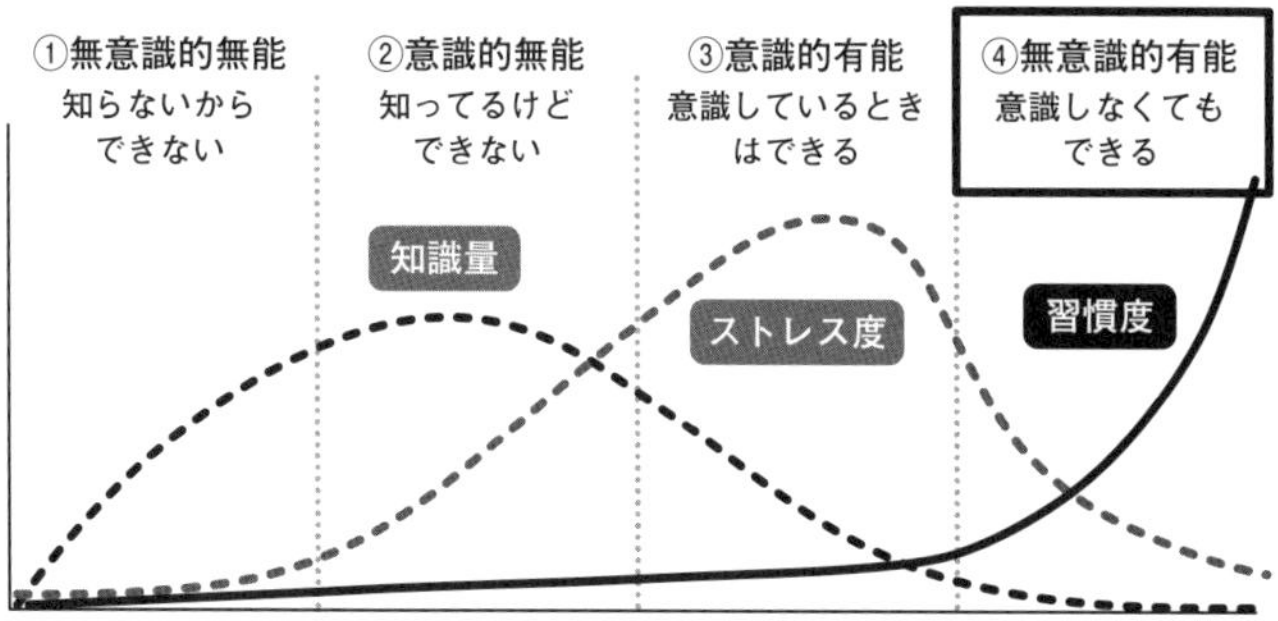

強いストレスを覚えていた③を抜け、習慣化した段階

□ 頑張らせるポイントを「学習の４段階」で解説

続いて学習の４段階をマネジメントに応用し、どこで頑張らせて、どこで頑張らせないか。それを見ていこう。

(1) 無意識的無能（知らないからできない）→頑張らせる
(2) 意識的無能（わかってるけどできない）→頑張らせる
(3) 意識的有能（意識するときだけできる）→頑張らせる
(4) 無意識的有能（意識しなくてもできる）→頑張らせない

無意識的無能のときは、しっかりと知識を習得するように「頑張らせる」べきである。主体性に任せてはいけない。知らないことはやりようがないからだ。一度知ったとしても、忘れてしまっては意識しようがない。覚えているかどうかを常に確認しよう。

次の意識的無能のときも、当然「頑張らせる」。しかし、それ以上に大変なのは、その行動（トレーニング）をやり続けることだ。

慣れないことをやるのはストレスがかかる。しかし、それ以上に大変なのは、その行動

意識的有能の状態になっても、まだまだ頑張らせよう。

無意識的有能（習慣化）になるまでずっと「頑張る」が続くのはキツイかもしれない。しかし、この状態を抜けだせば、ストレスフリーで継続できるようになる。だからマネジャーは一緒に伴走するのだ。

もちろん、ただやり続けるだけで成長することはない。必ずそのプロセスにおいて創意工夫が必要だ。

しかし、まだその行動に「慣れていない」「体が覚えていない」状態で頭を使おうとしても、うまくできない。行動に意識が向いている以上、考えることに意識を向けられないからだ。

成果を出すための「焦点化の原則」

脳は、1つの事柄にしか焦点を合わせることができない。これを**「脳の焦点化の原則」**と呼ぶ。

だから、成果を出すためにアレもコレも改善点を出しても、一度に全部できるようになることはない。**意識するものを1つに絞り、1つ1つ確実に「無意識的有能」状態にしていく。**そうしてから、次の意識すべき行動（トレーニング）に焦点を合わせるのだ。

このバランスが極めて重要だ。

「成果を出せ」

と煽るのもダメだが、

「成果を出すために、AとBとCをできるようにしろ」

と指示するのもダメ。

「成果を出すために、まずはAを無意識にできることを目指せ。BとCは考えなくてもいい」

と指示するのだ。遠回りに見えても、これが一番の近道だ。そして無意識にできるようになってから、BやCの行動に目を向けていく。

なぜ肩の力を抜こうとすると「手を抜く」ことになるのか？

何か新しいことをスタートさせたり、関係の浅い人と仕事をしなければならないとき、どうしても肩に力が入ってしまうものだ。

特に若い人はそうだろう。

冒頭に書いたとおり、緊張したり、肩の力が入っていると、自分の力が発揮できないものだ。そのためリラックスしよう、もっと冷静になろうと自分に問いかける。マネジャーも「大丈夫」「心配しないで」「もっと肩の力を抜いて」などと言いたくなるはずだ。

とはいえ、なかなか「心がけ」では肩の力を抜くことは難しい。

「学習の4段階」を覚えた人なら、もうわかるはずだ。

頭で覚えただけで、ストレスから解放されることはない。体が慣れて初めて力を抜くことができる。

リラックスすることで、本来の力を発揮できるようになる。

しかし、まだ慣れていない仕事をするときは、肩の力を抜くべきではない。

ある若い営業が、翌日のプレゼン本番前にとても緊張しているようだったので、上司が夕食に連れていって気分転換をさせたという。

「おかげで緊張がとれました。ありがとうございます」

本人は喜んだそうだが、本番のプレゼンはグダグダに終わってしまった。

その結果、自信喪失し、

「私はプレゼンに向いていないんだと思います。今後はもっと向いている人に任せてください」

と言い出したらしい。

繰り返すが「向き不向き」ではない。「慣れ不慣れ」である。私であれば夕食には連れていかず、何度もプレゼンの練習をさせただろう。

練習を繰り返すことで、プレゼンの中身を覚え、感情をこめて話ができるようになる。そうすることで、自信が芽生え、緊張感も和らぐだろう。

不慣れであれば、完全に肩の力を抜くことはできない。しかし本番のための準備として「ベストを尽くした」というなら、失敗しても後悔しないはずだ。

若いうちに肩の力を抜こうとすると、「手を抜く」ことにつながりかねない。

「緊張するな」「落ち着いていけ」と声をかけるのもいいが、**一番本人が安心するのは、ちゃんと覚えさえ、慣れさせることなのである。**

第6章

「励ます」と「スルーする」のバランスは？

——部下が落ち込んでいるときに、どんな声をかけるべきか

□落ち込んでいる部下に絶対やってはいけないこと

誰だって落ち込むときはある。特によかれと思ってやったことが裏目に出たり、努力の方向性が間違っていたりしたときには、いっそう強く落ち込む。

部下がこのような状態にあるとき、マネジャーはどう対応すべきか。励ますのか？　それともスルーするのか？

もちろん答えは1つではない。いろいろなケースで考えるべきであろう。

ただ、どんなケースであってもマネジャーがやってはいけないことがある。それが「不幸自慢」だ。

「そんなことで落ち込むなよ。俺なんて、社長から『お前なんて二度と顔を見たくない』とまで言われたことがあるんだから」

部下を勇気づけようと、自分の過去の恥ずかしいエピソードを披露するのだろう。

だが、ほとんどのケースで、上司の思惑どおりにはならない。

「落ち込んでいたって、何もいいことはない」

そんなことは本人が一番よくわかっている。頭では理解できているのだ。

にもかかわらず、理性では感情をコントロールできないからこそ落ち込むのだ。自己嫌悪するし、自信喪失する。

そんな状態の部下に、不幸自慢したって気休めにもならない。もしも上司の不幸自慢ごときで気分が晴れるぐらいなら、部下はたいして落ち込んでいなかった、と捉えよう。

では、理性的になれない部下に、どう声をかけるのか？

部下自身に問題がある場合はスルーせず、教育し、時には叱咤激励するのが適切である。

逆に、**部下自身の責任ではない場合は、軽い声かけにとどめ、基本的にはスルーする。**

それぞれのケースに応じて、適切な対応をとることが重要である。

それはなぜか？　具体的な事例とともに、解説していく。

なぜ「落ち込んだ要因」を誰かに話すとダメなのか？

まずは、自身の問題ではないケースだ。

ビジネスにおいては、自分の思いどおりにならないこともあるだろう。というか、いろいろなことに挑戦している人は、そのほうが圧倒的に多いはずだ。

だからこそ、うまくいかないことがあったとしても気にすることはない。

どんなに努力しても、無理なものは無理なのだ。最善を尽くして、それでも成果が出なければ仕方がない。**大事なことは、やれることは全部やり切ったのかどうかである。**

マネジャーは、常にそのことを部下に伝えておけばいい。

ちなみに、これを読んでいるあなた自身はどうか。落ち込んでいるとき、誰かに

・励ましてもらいたいか？

・スルーしてもらいたいか？

過去を振り返って思い出してみよう。どうされたほうが嬉しかっただろうか。どんな風にされると、心にさざ波が立っただろうか。私だったら、

・スルーしてもらいたい

・そっとしておいてほしい

・声をかけないでほしい

と思っている。

理由は、**落ち込んだ要因を想起することで、「追体験」が始まってしまうからだ。**もしも

「3日かけて提案書を作成したのに、お客様から『全然わかってない』と叱られたんです。聞いてください」

と言って、上司に一部始終を聞いてもらったとしよう。そうすることで、気分がスッキリするのは、その場だけではないか。

それよりも、お客様のことを考え、何日間もかけて提案書を作ったときの苦労がよみがえってこないか。にもかかわらず理解してくれなかったお客様の表情をまた思い出したりしないか。そのときにかけられた心ない言葉が、また脳内に乱反射しないだろうか。

成功体験なら、いくらでも話せばいい。うまくいったことを「追体験」することで、ドンドン自信が芽生えていく。そのプロセスを思い返して、

「次もこうしよう」

と決意を固められる。繰り返すことで、その成功が再現されていくのだ。

しかし、失敗したこと、うまくいかなかったことを誰かに話すと、「追体験」をし、自信が失われていくのである。

人の思考プログラムは、過去の体験の「インパクト×回数」でできている。どんな体験であろうが、体験数は1回しかない。だから時間が経てば忘れてしまうのだが、何度も想起することで同じ出来事を何度も体験することになる。

思い返したくもない体験を、何度も「追体験」することで、自分の思考プログラムが変わっていってしまうのだ。

以前は自信があったのに、ドンドン自信がなくなってしまうこともある。だから、一生懸命にやったことでうまくいかなくても気にすることはないのだ。したがって、決して人に話す必要はない。そんな体験は1回すればいいだけだからだ。

部下に「ガス抜き」をさせないようにしよう

「溜まっているものは、吐き出したほうがスッキリする」と言う人がいる。気分転換、ストレス解消のために「ガス抜き」を推奨する書籍も多い。

私は絶対にやめたほうがいいと思っている。

先述したとおり、「追体験」をするため、ネガティブな思考が強化されるだけだからだ。

それゆえに、

「俺には、お前の話を聞いてやることしかできないから」

と部下に声をかけるマネジャーは気をつけるべきだ。「傾聴の大切さ」を研修で習い、やたらと部下に声をかけ

「何でも聞くから、話せ」

というマネジャーがとても増えている。だが、下手な傾聴はやめよう。しかも、部下が「聞いてください」と言ってもいないのに、

「落ち込んでるんだろ。言えよ。私が聞いてあげるから」

と働きかけるのは、単なるマネジャーの自己満足だ。無意識のうちに「私は君のよき理解者だ」とアピールしたいがための行為になっていないか。気をつけよう。

基本的には、部下と目を合わせず、心で見守るだけでいい。心で見守っていると、感度

が上がり、ちょっとした部下の言動に対して敏感になる。

「課長、来週の案件で相談に乗ってほしいことがあるんですが」

「おう。どうした？」

落ち込んでいる要因には触れず、未来に向かって動き出そうとしている部下に対し、親身になって接してやればいい。

声をかけるにしても、

「そういうときもあるさ」

「ドンマイ、ドンマイ」

と言う程度でいい。そうして、

「正しい努力を続ければ、必ず自分の糧になる」

という思考を、部下の脳にしっかりと築き上げるサポートをするのだ。部下本人は、上司のおかげで前向きになれたとは認識できないだろう。でも、それでいいのだ。

上司は手柄を欲しがってはならない。

□「ドンマイ、ドンマイ」と言ってはならないとき

次に、部下の問題で落ち込んでいる場合はどうしたらいいか。

まず、**「励ます」という選択肢はない**。部下自身の問題だから、

「ドンマイ、ドンマイ」

だなんて言ってはならない。だからといって、

「どうして失敗したか、君は本当にわかっているのか?」

などと追い打ちをかけるように叱咤してはならない。酷い「追体験」をさせてしまう。

部下が自分の落ち度だと理解しているのなら、見守るだけでいい。

問題は、なぜうまくいかなかったのか、どうして成果を挙げられなかったのか、正しく理解していないときだ。

「自分はやれるだけのことはやった。ここまでやってもダメならしょうがない」

と部下が思っているのならスルーできない。

なぜうまくいかなかったのか。キチンと伝える必要がある。これは教育の領域だ。薫陶ではない。ちゃんと覚えてもらわないといけないことなので、時間を使って丁寧に伝えていこう。

そんなときに便利なフレームワークを紹介する。それが**「ダニング・クルーガー効果曲線」**である。

10年早く知りたかった「ダニング・クルーガー効果曲線」

この曲線を知ったとき、私は正直なところ

「10年早く知っていたら、自分の人生はもっと豊かになっただろう」

と思った。それほど衝撃を受けたフレームワークだ。上司が部下の市場価値を高めるうえで、絶対に知っておくべき概念である。

そもそも、ダニング・クルーガー効果とは何なのか？　まず、この心理効果について解説しよう。

ダニング・クルーガー効果とは、能力や経験の低い人ほど自信過剰になる認知バイアスのことだ。「優越の錯覚」とも呼ぶ。

20年近くコンサルタントの仕事をしていて、この心理現象は常に目の当たりにする。アマチュアであればあるほど学習や鍛錬を怠り、プロであればあるほど謙虚に自分磨きを続けるものだ。

だからまだ未熟なのにもかかわらず、部下自身が、

「今回はうまくいかなかったが、自分のせいではない」

と思い込んでいるのなら、ダニング・クルーガー効果が働いているかもしれない。まだ実力が足りていないことを自覚できていないからだ。

自分に対して

「気にするな。ドンマイ、ドンマイ」

と言って気持ちを切り替えようとしているのなら、上司は指摘すべきだろう。

「うまくいかなかったのは、勉強不足だったからだ」

「もっとスキルを上げないと、同じことを繰り返すぞ」

と戒めなければならない。


実力不足の人は、どこまでの力を身につけたら十分なのかを正しく認識できない。たまたまビギナーズラックに恵まれると、

「ひょっとして才能があるかも」

と天狗になってしまう若者もいる。天狗になって伸びた鼻をへし折るのは、おすすめしない。とはいえ、自分の力を過信しないようには注意すべきだ。そうでないと、部下の成長を阻害してしまうからだ。


さらに理解を深めてもらうために、次節以降はダニング・クルーガー効果を曲線で表現した図を使って解説していく。

▢「教えたがるようになる」のが悪いサイン

少し覚えただけで、ちょっと実績を出しただけなのに、過剰な自信に満ちている状態が「馬鹿の山」である。

たとえば、SNSマーケティングについて知識も経験もまったくない場合は、多くの人は自信を持たない。

「SNSなんて、やったことがない」
「情報発信なんて、できる気がしない」

と思い込む。しかし会社の要請で、渋々始めたとする。そうすると、みるみるうちにフォロワーが増え、話題になったらどうか？

「センスがあるよ！」
「お客様の間でも話題になってる。すごい！」

と、周りにもてはやされる。本人も成果を出せば、ドンドンと自信を深めていくはずだ。

ダニング・クルーガー効果
(知識や能力が足りない人ほど自信過剰になる)の曲線

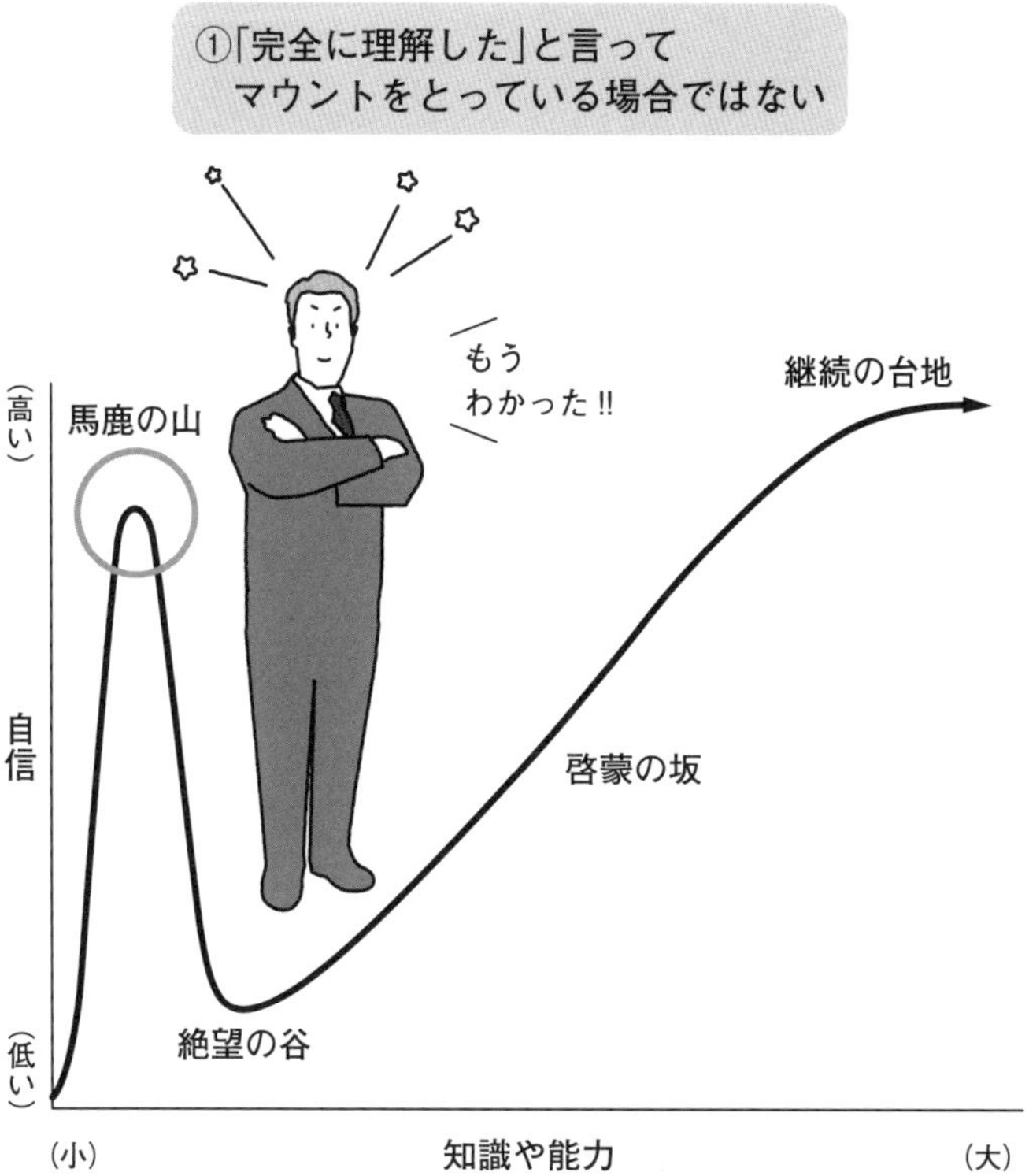

そして、

「SNSを使って結果を出すことは、誰でもできる」

「わからないことがあれば、何でも私に聞いて」

と言い出すかもしれない。これがまさに「馬鹿の山」に登っている状態だ。

私もそういう経験は、数えきれないほどある。

コロナ時代になってからYouTubeチャンネルを開設し、人気を博すと、多くのお客様から評価された。

「私も横山さんのように、動画で発信したい」

「どんな動画を作ればウケますか?」

と質問された。そうすると、これ見よがしに、

「サムネイルはこうすべし」

「タイトルとハッシュタグのつけ方が命」

と自慢げに吹聴した。その後、YouTubeコンサルに強烈なダメ出しをされるまで、自信過剰の状態は続いた。

▢他人のせいにして落ち込む部下はどうする？

「馬鹿の山」に登っている最中にうまくいかないと、「他責」にしがちだ。なぜなら自信があるからだ。明らかに実力不足なのに、

「まさかこの提案が通らないとは思わなかった。どうしてこの提案の良さをわかってくれないのだろう」

などと勘違いしてしまう。

以前、自分の伝え方に問題があるのに、お客様の理解不足が原因と決めつけてしまっていた営業がいた。こんな姿勢であれば、いつまで経っても成長しない。

そういう部下に、

「運が悪かったな」

「次はうまくいくよ」

と励ましてはならない。もちろんスルーすべきでもない。「馬鹿の山」に登っていると

伝えることは難しいので、自覚してもらうための働きかけが必要になる。

そのためには**正しい教育をすることが一番だ**。

もしそれが難しいのであれば、歯に衣着せぬ物言いをするプロフェッショナルに指摘してもらおう。遅かれ早かれ、実力不足はバレるものだ。

早めに気づかせてあげるのが親心というものである。

大事なのは「絶望の谷」に落ちた後

まだ実力がついていないのにビギナーズラックが続いただけで、自信を深めてしまう人は多い。だが、その分野で仕事をしている限り、大抵の人は「**絶望の谷**」に落ちる。

本物のプロフェッショナルと出会うか、体系的な教育を受けて、いかに自分がわかっていなかったか。実力不足を痛感するだろう。

だから「落ち込む」のである。「絶望の谷」に落ちたのだから、正しい落ち込み方、と言っていいだろう。

大事なことは、落ちてからどうするかである。

「自分なんて、こんなもんか」

と自信をなくすか。それとも

「なにくそ」

と自分を奮い立たせて、自己研鑽の道へと歩むのか。

マネジャーとしては当然、後者を選ぶよう促す。部下が「絶望の谷」に落ちていたら、

「誰にでもあることだ」

そう伝えればいい。

本物のプロフェッショナル（本当に成功した人）は、自己研鑽をやめることなどありえない。どんなにその道を極めたと自負しても、「これでいい」だなんて思わない。

ダニング・クルーガー効果
(知識や能力が足りない人ほど自信過剰になる)の曲線

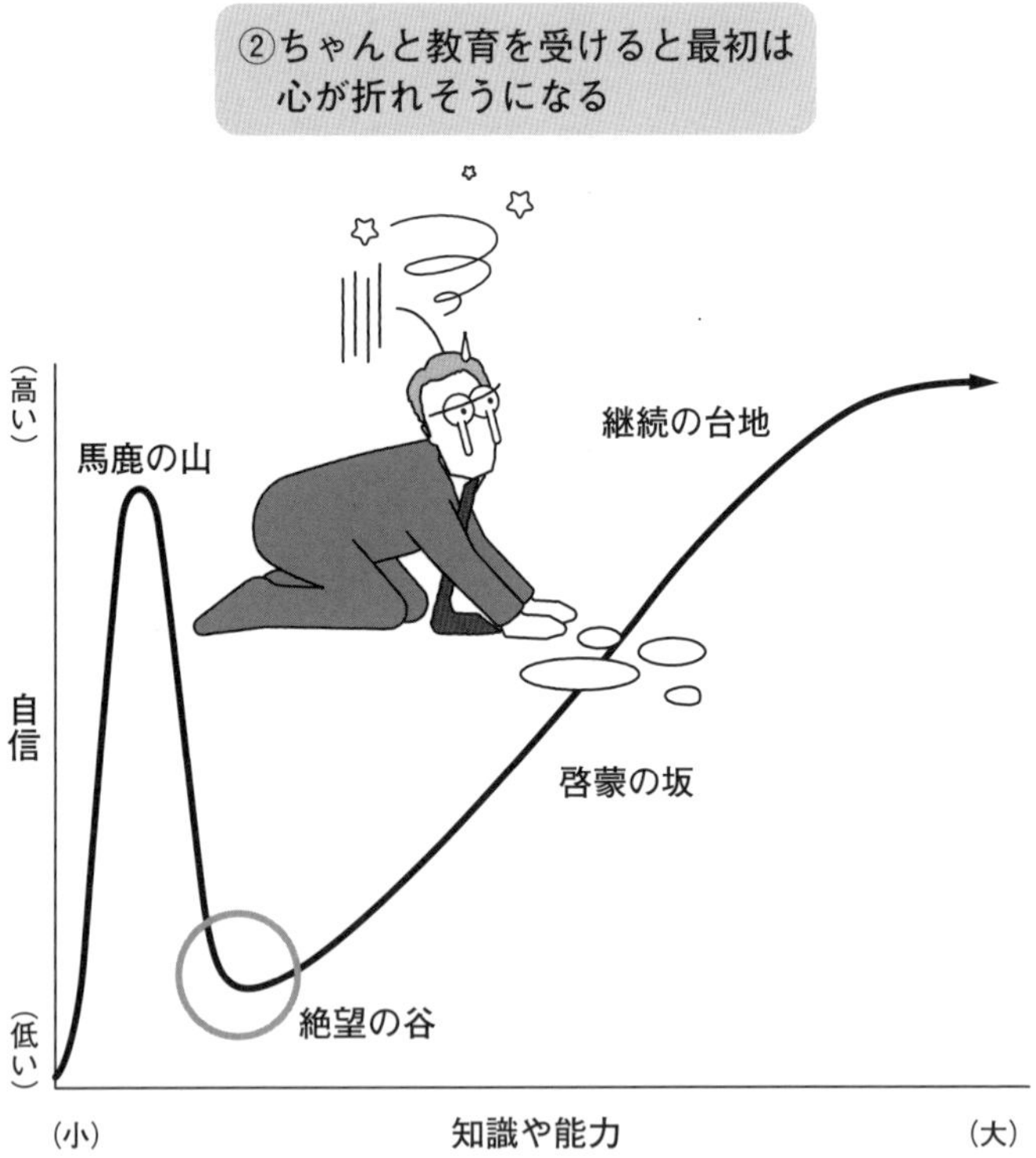

部下を励ます必要がなくなるとき

「絶望の谷」に落ちると、自信が失われる。この失われた自信は、そう簡単には取り戻せない。

だから謙虚になってコツコツ鍛錬を積もうと努力するようになる。このフェーズを**「啓蒙の坂」**と呼ぶ。

私どもコンサルタントは、まさにこの「啓蒙の坂」を一緒に登る役割を担っている。

3歩進んで2歩下がる。2歩進んで3歩下がる。

このような繰り返しで、なかなか前に進んでいく気がしない。しかし、それでも努力を繰り返すと、ドンドン視座が上がって、いろいろな世界が見え始めるものだ。

視座が高まり、広い世界が見え始めると、さらに謙虚になっていく。なぜなら、有頂天になっていた過去をたまに思い出して自分を戒めるからだ。

マネジャーはこのように部下と伴走しながら、謙虚な姿勢で「啓蒙の坂」を一緒に登っていこう。

「絶望の谷」に落ちるほどではないが、うまくいかないことも多い。だが、「啓蒙の坂」を登っている最中、部下は「他責」にすることがない。自分の力不足でうまくいかなかったとわかっているからだ。

そういう場合は、**スルーすればいい。心で見守るだけでいい。**

未来の成功のために、自分磨きにつき合ってやる。そうすることで部下の市場価値は上がっていく。

市場価値が高くなれば、同じようなプロフェッショナルと知り合う機会が増え、その成功者たちもまた謙虚な姿勢であるからこそ、感化され、さらに謙虚になっていく。

こうなっていくと、**マネジャーが励ますことはほとんどなくなる。うまくいかなくて落ち込んでいる部下を見ても、安心して放っておくことができるはずだ。**

なぜなら、もうプロフェッショナルに近づいているからだ。

ダニング・クルーガー効果
(知識や能力が足りない人ほど自信過剰になる)の曲線

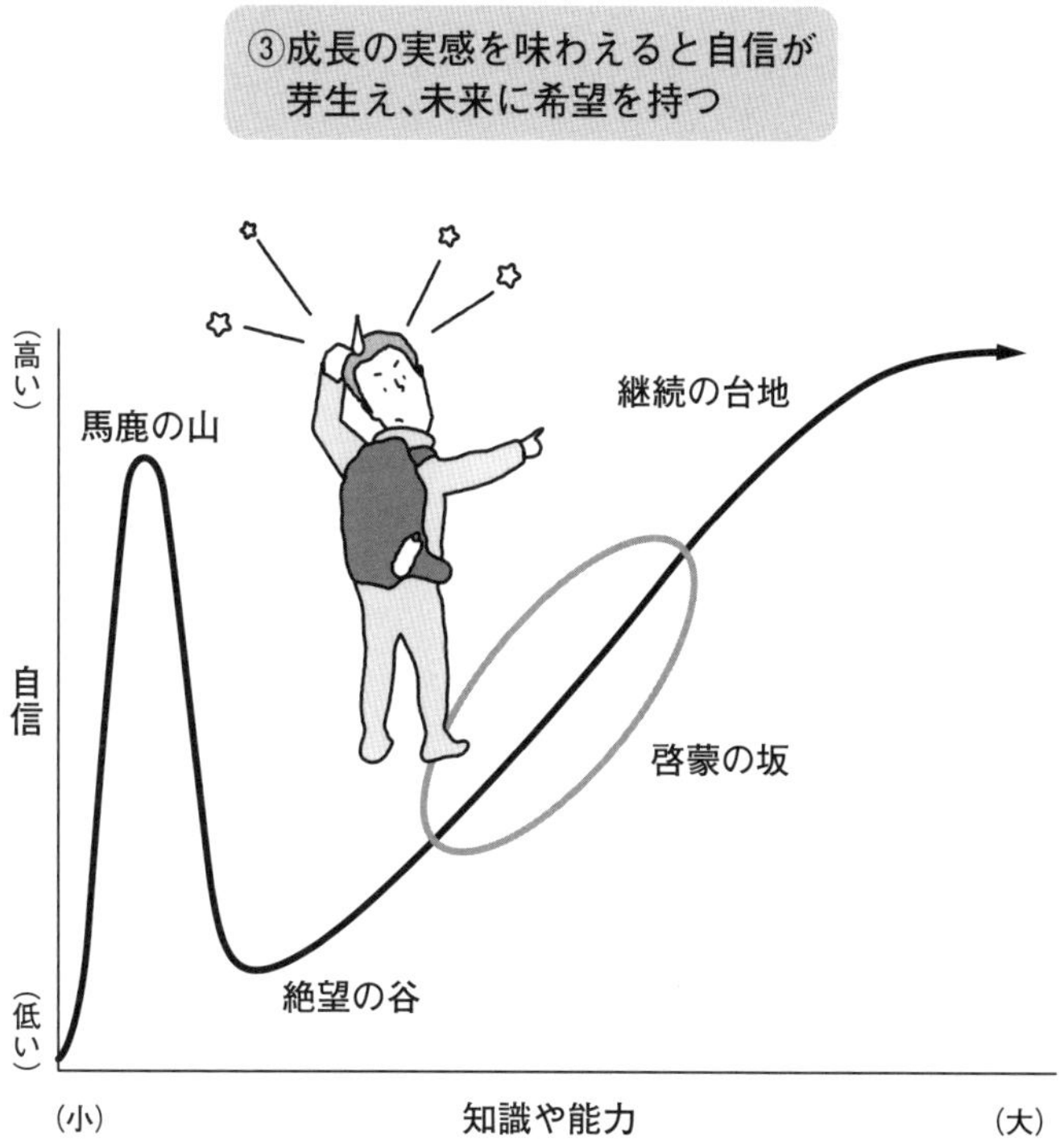

身についた知識が知恵を生み、知性も身についていく。この状態が「**継続の台地**」である。長い道のりだが、順調なら5～10年ほどでこの域に達する。マネジャーはそういうつもりで、励ましたり、スルーしたりを繰り返すのである（5～10年とはいえそう長くはない。早ければ20代でプロフェッショナルの域に到達する）。

ダニング・クルーガー効果
(知識や能力が足りない人ほど自信過剰になる)の曲線

④多様な体験を通じて知識が知恵を生む知性まで身につく

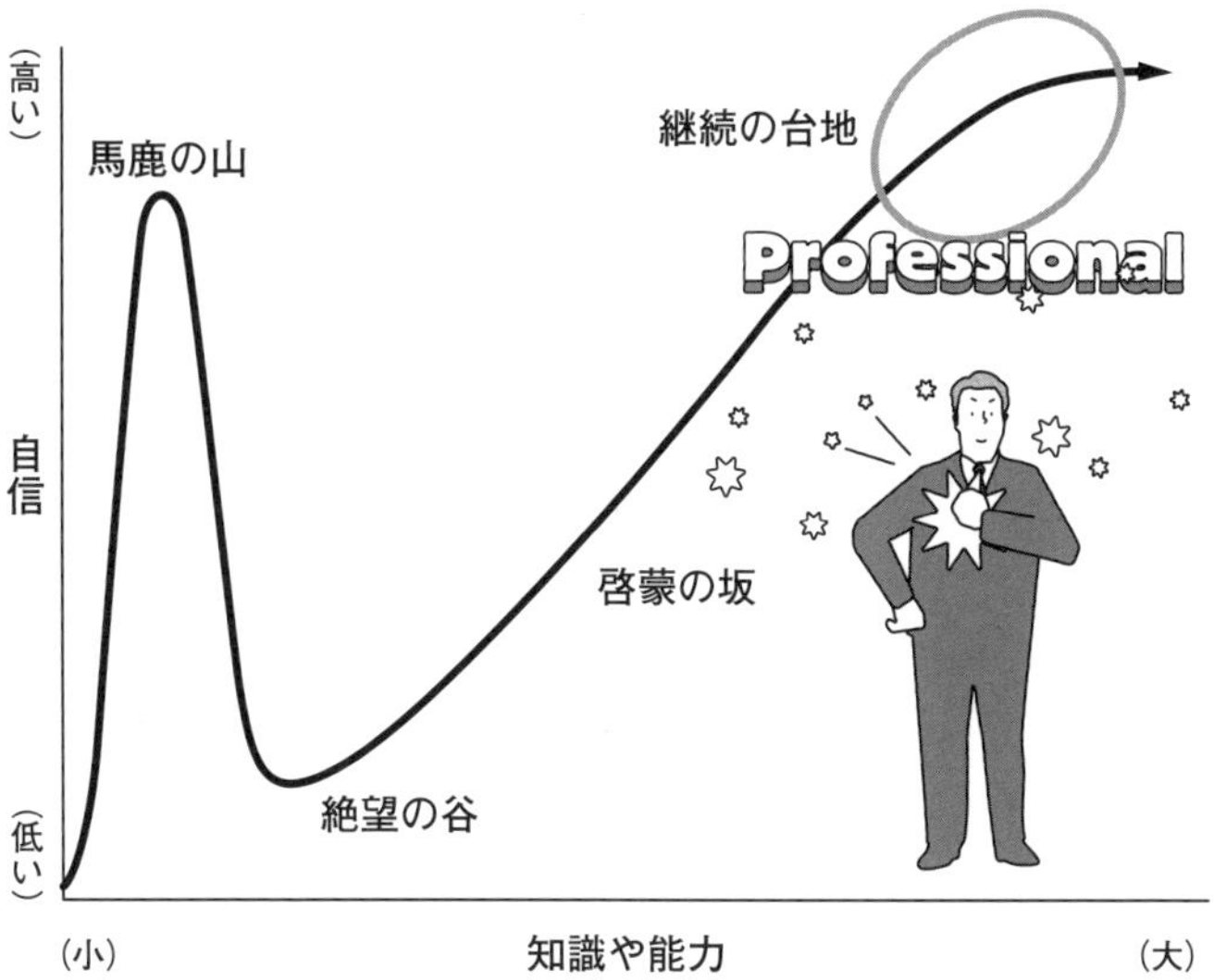

第7章

「個人の成長」と「組織の利益」のバランスは？

——「責任」「権利」「義務」の知っておくべき関係性

責任を果たさず権利ばかり主張する若者がいたら？

「資格学校に通っているので、残業せずに帰ります」

あるＩＴ企業の課長が、入社して３カ月の新人にそう言われたそうだ。

「やりますと言うから仕事を任せたのに。責任を果たさず、自分の権利ばかり主張するのはいかがなものか」

他にも、

「将来のために英語を習っています。仕事量をセーブさせてください」と訴える部下もいるという。部下がやり抜かない仕事は、上司や他の先輩社員にしわ寄せがくる。

このように、組織の利益よりも個人のスキル開発を優先したい、という若者が近年増えている。

AIをはじめとする革新的なビジネスツールが次々に現れる中で、**同じ会社、同じ職種で、今後もずっと仕事をしているとは想像ができないのである**。40代や50代のベテランとは、仕事に対する価値観が根本的に違う。

では、このような若者にどう対処すればいいのか。マネジャーが心がけるべきことについて、解説していく。

□「責任・権限・義務」の観点から考える

今回のようなケースを考えるときのヒントになるのが、**「責任・権限・義務」**の観点である。

これは仕事をするうえで基本的な考え方なので、上司も部下も正しく理解しておく必要がある。まずは言葉の定義のおさらいからだ。

(1) 責任とは?

(2) 権限とは?

(3) 義務とは?

まず、(1)責任について。**責任とは、任された職務をまっとうすることである。**

10分で終わる小さなタスクでも、そのタスクを適切に処理する責任はある。一方で年間目標のような大きなものも、その達成のための継続的な取り組みと結果に対する責任がある。

続いて、（2）の権限について。**権限とは、仕事をまっとうするために経営リソースを活用できる権利のことだ。**

自分ひとりでは期待どおりの結果を出せないとき、上司に相談したり、職場仲間に手伝いを依頼することができる。大きなプロジェクトを任されたのなら、その目的を果たすために申請してメンバーを招集したり、コストをかけることもできる。

したがってどんなに全力で頑張ろうとも、権限も使わずに目標が未達成だったらいけない。職務をまっとうするためにも、組織のリソースを主体的に使わなければならないのだ。

最後に、（3）の義務について。**義務とは、職務をまっとうしているかを報告する義務のことだ。**組織のリソースを活用する場合の説明義務も含まれる。

たとえば、上司から企画書を作ってほしいと言われたとしよう。そうしたら、企画書作成の進捗状況を報告する義務がある。

「あの企画書どうなった？」

と依頼者から確認されるようでは義務を果たしているとは言えない。また、もし作業中にわからないことが出てきたら、

「データはどのように準備したらいいですか？」

などと相談すればいい。相談する権限があるのだから、勝手に悩んで時間を浪費してはいけない。

残業の要請は正当なものであったのか？

それでは、「責任・権限・義務」の観点から、冒頭のケースを考えてみよう。

まず、上司が果たすべき責任は、組織の目標を達成することである。そのために、部下も含めた組織リソース（人・物・金・情報など）を活用する権限がある。義務としては、組織の目標に対する進捗・結果をメンバーに共有する必要があるが、今回は一旦考慮しないものとする。

一方、部下が果たすべき責任は、自分自身に任された目標を達成することだ。そのために、上司に相談したり、支援を仰ぐことができる権限がある。また、進捗報告、結果報告が義務として存在する。

こうした前提を考えれば、上司が組織の利益のために、残業を部下に命じるのは、責任と権限を考えればまっとうなことである。

一方、部下については、任された仕事が終わっていない状況で、進捗報告もなく帰ろうとしている点には問題があったと言える。仕事の途中で上司への相談もなかったとなれば、なおさら問題だ。

したがって、今後の上司のアプローチとしては、部下が果たすべき「責任」や、上司に相談・支援を求める「権限」があること、そして進捗や結果は報告する「義務」があることを本人にしっかりと伝える必要がある。

また、目の前の仕事にコミットすることよりも、スキル習得のために時間を使うことが有意義であるかについては、疑わしい部分もある。この点については、第10章（「マネジャーは「Will ハラ」に気をつけよう！」（199ページ）で論じることとしよう。

とはいえ、今回のケースとは異なるが、上司側の「責任・権限・義務」について、問題があるケースも少なくない。次節では、そのことについてくわしく解説していく。

▢「責任ばかり押しつけられ権限が与えられていない」と嘆くマネジャーへ

私の経験からすると、責任と権限と義務については、**部下よりもマネジャーに対する教育のほうが先だと思っている**。

コンサルタントとして企業の現場に入り、

「このままではいけません。組織を変えていくべきです」

と進言すると、多くのマネジャーがこう返してくる。

「もちろん、私は組織を変えていくべきだと思っています。しかし、私にはそんな権限がありません。単なる課長ですから」

私どもコンサルタントは、部長や課長といった中間管理職よりも、経営者とつながっているほうが多い。だから、

「本当に権限を与えていないんですか？」

と社長に聞いてみると、ほぼ１００％の社長がこう呆れるのだ。

「権限がないだなんて冗談じゃない。そんなの逃げですよ。本気で組織を変えたいのなら、どうして私に言ってこない？」

責任と権限と義務は、それぞれ同じぐらいの重さにすべきと言われる。これを「**三面等価の原則**」と呼ぶ。

つまり、

「私に権限がない」

と言っているマネジャーは、

「私はそんな責任を負いたくない」

と言っているのである。権限を行使するためには、その分の責任を負わされるからだ。本来はマネジャーが率先して組織を変えていかなければならない。なのに「私には権限がない」と言って逃げるから、社長もその責務を任せられないのだ。

▢絶対達成するために最も大事なことは「適正な目標設定」

「責任と権限と義務は、それぞれ等分で」

この「三面等価の原則」については、ぜひとも組織に浸透させてもらいたい考え方だ。

私は「絶対達成」のコンサルタントだ。当然、**身の丈にあった目標かどうかはチェックする**。マネジャーに重すぎる責任（組織目標）を負わせてはいけない。

私が最も気にするのは「**時間**」だ。時間というリソースが足りない場合は、毅然とした態度で目標の下方修正を申し出る。

責任・権限・義務の3つがセット（三面等価の原則）

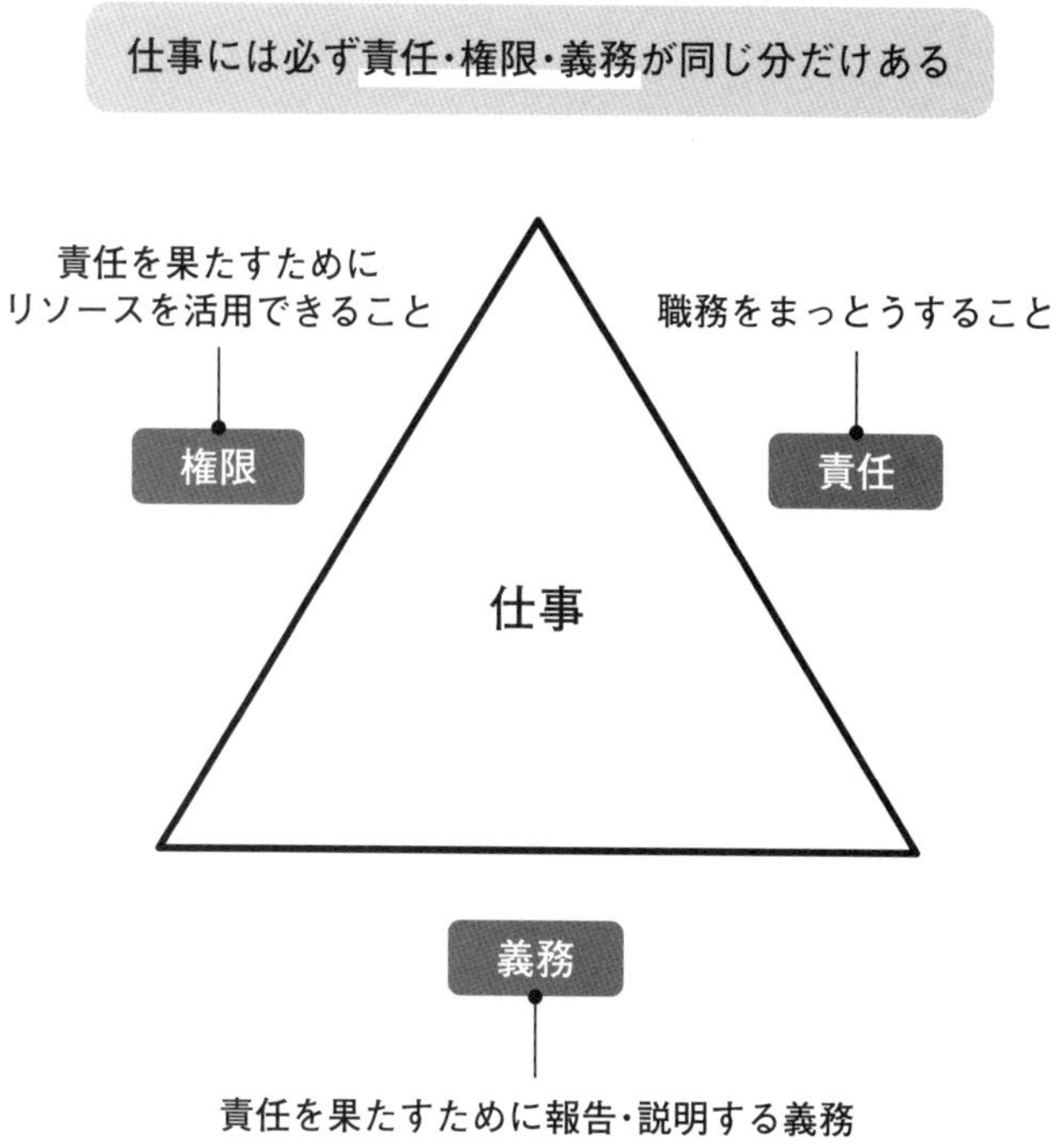

あるスマホアプリ開発の社長が、事業責任者に無茶な目標を言い渡したことがある。

「新規事業の目標が年に4億円ですか？　現在の商談のコンバージョン率とリードタイムを考えたら、3年は必要です」

このように私が社長に言うと、

「絶対達成のコンサルタントなのに、絶対達成できないんですか？」

と嫌味を言われた。だから私は
「絶対達成させるために最も重要なことは、適正な目標を設定することです」

こう言い返した。もちろん、データを使ってその根拠を説明しながら。

「気合いや根性だけで、商談のコンバージョン率を上げたり、リードタイムを短くすることはできません。巨額の広告費を投じたら、わかりませんが」

社長は「そんな金なんてない」と突っぱね、それどころか「営業の教育コストもかけられない」と言った。

つまり、責任は果たしてほしいが、そのために必要な権限は渡さない、という姿勢なのだ。

結局、この社長が折れなかったため、年間目標4億円のまま新規事業がスタート。結果、初年度の売上は7000万円。私は「よくやった」と現場を讃えたが、社長は激怒し、半分の営業が辞めていった。

小さな作業でも社内プロジェクトでも、同じだ。

「明日までに企画書を作れと言うが、上司は相談に乗ってくれない」

「イベントに100人集めろと言われても、3日しか期限がない」

責任の大きさに比べて、活用できるリソース（人・物・金・時間・情報など）が制限されている場合、部下はとても不誠実に感じる。

だから、マネジャーは、

・本人の創意工夫

・活用できるリソース

を考慮したうえで、部下に仕事を依頼すべきだ。そして部下には、責任のみならず、活用できる権限のレパートリーも紹介しておこう。

そうすれば部下は主体的に考え、責任をまっとうするために権限を行使しようとする。

「報連相」で、責任と権限と義務は理解できる

最後に、「報連相（報告・連絡・相談）」についても触れたい。「報連相」は責任・権限・義務と密接にかかわり合っているからだ。

そのことは、権限を行使するときに、上司に連絡すべきか、それとも相談すべきか、どちらがよいかを例に考えると理解しやすい。

権限を行使するのは当然、と思われる場合は連絡でいい。

「部長、あの企画書ですが、明日渡しますのでチェックをお願いします」

迷った場合は相談だ。

「部長、あの企画書ですが、明日には完成しますのでチェックをお願いできませんか？」

責任を果たせない人が、最も足りないのが「相談」だ。いろいろな事情があるのだから、目標が達成しなかったり、期限に間に合わないこともあるだろう。しかしそのことについて上司に相談しなかったら、

「どうして早く相談に来なかったんだ」

と注意されるに決まっている。

一方で、**責任を果たしているのに上司から信頼されない人は、「報告」が足りない。**報告は責任をまっとうするうえで義務である。だから進捗報告はもちろん、結果報告もしよう。

「報連相」の鬼になれ!

意識すべきは「**変化**」と「**結果**」である。

何らかの変化があったら、その都度報告するのだ。些細なことでもいい。終わったら終

わったで、必ずその報告をする。

「アレ、どうなった?」

と上司に質問させてはいけない。


「報連相」は、部下が上司にするだけではない。マネジャーも同様に意識すべきである。組織のマネジャーとしての責任があるからだ。

だからこそメンバーを動かす権限がある。他の組織と常に連絡を取り合い、しかるべきメンバーに、しかるべきタイミングで、しかるべき情報を共有する義務がある。進捗状況もそうだし、終わったら終わったで結果報告もするのだ。

以前、あるマネジャーの発案で
「組織風土を診断したいので、アンケートに答えてくれ」
と言い、実施した企業がある。しかし、そのアンケート結果がどうなったのか。どんな課題が浮き彫りになったのか。そしてその対策はどうするのか。何の報告もない。
当然、組織のメンバーから、

「あのアンケートの結果は、どうなったんですか？」

などと質問される。こういった報告義務を果たさないと、次に何か協力してほしいと呼びかけても、メンバーは真剣に向き合いたいとは思わないだろう。

たとえメンバーに直接関係がないことであっても、組織の課題解決のためにやっていることなら、すべて報告する義務がある。責任と同じぐらい「報告」の義務があるからだ。

だからこそ、マネジャーは部下を「報連相の鬼」にさせよう。責任と権限と義務について、自然と理解できるうえに、いずれマネジャーになったときにも、組織に利益をもたらしてくれるはずだ。

それに**「報連相の鬼」になれば、多少コミュニケーション能力が低くても、多くの人から信頼される**。お客様に対してもそうだ。報告・連絡・相談は徹底してやるべきものなのだ。

第8章

「強みを伸ばす」と「弱みの克服」のバランスは？
――本領発揮させる重要な2つのポイント

□一目置かれて本領発揮せよ！

「部下の強みを伸ばしたほうがいいのか。それとも弱みを克服したほうがいいのか。悩んでいます」

これも、マネジャーからよくある質問だ。この選択は、もちろん「人それぞれ」「ケースバイケース」だ。だからこそマネジャーは悩んでしまう。

ただし、もし若い部下がいるとしたら、

・一目置かれる
・本領を発揮する
この2つのポイントを意識させるべきである。
そのために気をつけるべき点を3つ紹介しよう。

(1) 強みを伸ばすことを優先する
(2) 弱みの定義を正す
(3) 欠落的欠点は是正させる

それでは、最も重要な「強みを伸ばす」ことから解説していく。

□職場で活かされない限り「強み」とは呼ばない

部下を成長させるためには、強み（長所）を伸ばしたほうがいいのか、弱み（短所）を克服させたほうがいいのか悩んだ場合、基本的には「強みを伸ばす」を選ぼう。

理由は簡単だ。

弱みを克服するよりも、強みを伸ばすほうが早く結果につながるからだ。そのほうが部下も自信がつく。

ところが「強み」を伸ばそうとマネジャーが考えても、なかなかうまくいかないケースが多い。理由は、マネジャーが部下の強みを正確に理解できていないからだ。

たとえば、

「私の強みは、仕事が早いことです」

と言われたらしっくりくるだろうが、

「私の強みは、文章力が高いことです」

と言われたら、どうか。

マーケティング部に配属され、記事を書くニーズがあればその能力は活かされるかもしれない。定期的に展示会を催す企画部なら、ブースのキャッチコピーやチラシを作ってもらうのに、その特性は役立つだろう。

しかし店舗の販売員として配属されたら、文章力はあまり必要ないかもしれない。

「私の強みは、どんな人に対しても明るく振る舞えることです」

という人のほうが活躍できる。

強みとは、その職場で大いに活かされる能力や特性のことだ。「ないよりは、あったほうがいい」という程度では強みと認められない。

□「強み」を満たす2つの条件

また、強みは特技や才能とは異なる。

たとえば、スペイン語を話せることは「特技」、幼少期から指導されずとも絵のコンクールに入賞していたとするなら、それは「才能」と呼んでもいいかもしれない。

しかし、もし私がスペイン語を話せ、絵がうまかったとしても、現在の経営コンサルタントの仕事にはほとんど役に立たないだろう。

同様に、反復横跳びが異常に得意な友人がいたが、

「デザインの仕事をしている以上、反復横跳びなんてまるで役に立たない」

と言っていた。

つまり、今の仕事、職場で役立つから「強み」になるわけで、そうでなければどんなに秀でた能力を持っていたとしても、あまり意味がない。

また「強み」や「弱み」は、相対的なものであり、環境によって変わることも覚えておこう。

つまり、何かと比べることが前提なのだ。

それほど訓練せず、上手に絵を描けたら「才能がある」と言えるだろう。

しかし同じ職場にもっと絵のうまい人ばかりがいたらどうか。どんなに自分が「絵がうまい」とアピールしても、それは「強み」と呼べない。

したがって、強みとは次の2つの条件を満たしておかなければならない。

・その職場では大いに役立つこと

・その職場では秀でていること

強みとは置かれた環境によって変化する。どんなに難関な資格を持っていても、その職場で必要とされなければ強みにはならない。

▢強み発見力をアップさせる「美点凝視」の3つのポイント

それでは、どのように強みは見つけたらいいのか？

常に**「美点凝視」**を意識して部下と接しよう。美点凝視とは、相手のよいところ、強みを意識的に注視することだ。

どんな人にも美点、長所、強みはあるものだ。だから「部下の長所がパッと思いつかない」

「それどころか部下の欠点ばかり目につく」という上司は「欠点凝視」になっているかもしれない。お互いの関係を築くうえで、こういった思考のクセは直していこう。

そして美点凝視するためには、次の3つのことを日々心がけるとよい。

(1) アクノリッジメント（存在承認）
(2) アクティブリスニング（積極的傾聴）
(3) フィードバック（意見交換）

はじめに、相手の存在そのものを承認するアクノリッジメントを意識する。認め方は簡単だ。相手に関心を寄せるだけでいいのだ。意識して挨拶したり、労いの言葉をかける。その習慣を持とう。

こちらから意識してアクノリッジメントすることで、これまで気づかなかった美点を発見できるようになる。

「意外と人懐っこいんだな」

「いつも準備するのが早いよな」

なぜ、これまで部下の「いいところ」が見つからなかったのかと思ったら、それはアクノリッジメントが足りなかったからだ、と受け止めよう。

「大型商談を勝ち取る」「新商品の企画を考える」などの目立つ成果だけでなく、日々の行動に注意を向けることで、これまで見過ごされていた強みや長所が見えてくる。

本人も周りも知らない「強み」を知る方法

次に意識すべきはアクティブリスニングである。これは、相手の話す言葉に深く関心を持ち、意図や感情を理解しようとする姿勢だ。

積極的に耳を傾けていると、気づかなかったことがわかるようになる。

そして、発見した「いいところ」は、フィードバックを通じて本人に気づかせよう。自身の長所や強みは、しばしば自覚されにくいものだ。

「ジョハリの窓」という心理学モデルがある。

自分自身が見た自己と、他者から見た自己を、次の4つの窓に分けて自己分析するツールだ。

（1）開放の窓：自分も他者も知っている自己
（2）盲点の窓：自分は気づいていないが他者は知っている自己
（3）秘密の窓：他者は知らないが自分は知っている自己
（4）未知の窓：自分も他者も知らない自己

何といっても、醍醐味は「未知の窓」を開くことだ。

ジョハリの窓とは？

主観と客観の両面から自己認識するためのツール

		自分	
		知っている	知らない
他者	知っている	開放の窓	盲点の窓
	知らない	秘密の窓	未知の窓

部下の「未知の窓」を開くのが上司の役割

「未知の窓」が開いた例として、自分語りを許してほしい。

私がコンサルタントになりたて時代の話だ。情熱的なセミナーを1回しただけで当時の上司から、

「感情に訴えるな。理屈で説得しろ」

と叱られた。それから1年以上は徹底的に準備し、理路整然としたセミナーをすることに力を注いだ。

しかし、論理的なセミナーでも評価は上がらず、受講者から情熱的な話し方を褒められるだけだった。私はセミナーの内容に共感してほしい、と思って無視し続けた。

ところが、である。あまりに、そのような感想をいただくため、気持ちのこもったセミナーを意図的にしてみたことがあった。するとセミナーの評価が急にアップしたのだ。

それから半年後、私のセミナースタイルはガラリと変わっていた。

これがまさに「未知の窓」を開く、ということだ。

私自身のエピソードを書いたが、同じように意外な強みを発見して人生を変えたビジネスパーソンを、これまでに数えきれないほど見てきた。

いろいろな企業の組織改革に携わっていると、そんなエピソードにたくさん出くわすのである。だから、

「彼は急に変なことを言い出す人です」

「あの子は積極性に欠けますね」

などとレッテルを貼って接してはいけない。こんな姿勢では「未知の窓」を開くことなどできない。

「さすが」の数を集めろ！

部下のいいところ、強みを見つけたら積極的にフィードバックし、本人に意識させよう。

どんどんレッテルを貼っていくのだ。

「プレゼンがうまい」

「提案書がわかりやすい」

といった具体的なフィードバックは、本人が自身の能力を自覚し始める助けになる。

さらに、チーム内にも吹聴していけば、部下は周囲からも認知され、自信を深めていく。


上司は部下の「さすがだと思えたエピソード」を何度も伝え、思い出させよう。記録し、ストック化するのだ。

「この提案書はとてもわかりやすい。さすがだな」

「データを使った処理をさせたら、すごく正確にやる。さすがだ」

「人前で簡潔に話すことにかけては他の誰にも負けてない。さすがだよ」

たまたまうまくいったことであれば「さすが」とは思えない。過去に何度もその特徴を活かして活躍したことを知っているから「さすが」という言葉がつい出るのだ。

周りから「さすが」と言われるようになると、一目置かれるようになる。そしてここぞというタイミングで、その強みが活かされたら、

「本領発揮したな」

と言われるようになる。

世の中には「強み」「長所」「才能」と、似たような言葉がたくさんある。

私は「本領」という表現を意識して使いたいと考えている。なぜなら本領という言葉はほとんど単体では使わないからだ。必ず「発揮」とセットで使われるのだ。

「今回のGさんのプレゼンは良かったな。まさにGさんの本領が発揮されたと言える」

このように、絶好のタイミングで本人の「良さ」が出たときしか「本領」という表現は使われない。だからこそ価値がある。

結論として、マネジャーは部下の強みを見つけ、それを「さすが」と称賛することで部下の存在感を高めよう。

そして、部下がその能力を存分に発揮したときには、「本領発揮したな」と讃える。このような繰り返しにより、部下は自分の強みを認識し、伸ばしていくことが可能になる。

そもそも「弱み」とは何か？

弱みに関しては、私はあまり着目しないほうがいい、と考えている。

そもそも弱みとは何か？　具体的に考えたことはあるだろうか。パッと思いつくものは、

・そそっかしい
・スキルが足りない
・経験が足りない
・優柔不断
・人見知り

こんなあたりだろうか。考え始めたらキリがない。

そもそも弱みや短所がない人など存在しないのだから。

それに強みと同じで、その職場において必要性がなければ、弱みとは言えない。

「私の弱みといえば、慎重すぎるところです」

と言っていた人がいた。しかし、その人は経理部門に配属され、慎重な性格は強みになっている。

したがってマネジャー自身が「弱みとは何か」を正しく捉えないと、部下指導に役立てられない。

では、そもそも弱みとはいったい何なのか？

たとえば組織として絶対に必要なことが不足している場合、それを弱みとは言わない。税理士なら税務の仕事ができることは当たり前のこと。プログラマーならプログラミングできることは当たり前だ。それらの知識やスキルが足りないことを弱みとか短所という表現はしない。

一方、建設業界での経験が豊富な税理士なら、

「建設業界以外の経験がまだ足りないこと。それが、私の弱みです」

と言うのは、いいかもしれない。

弱みとは、組織において絶対に必要というわけではないが、「あったほうがいい」程度

のことが足りないことだからだ。

□無視してはならない「欠落的欠点」

一方で、「欠落的欠点」という言葉がある。欠落的欠点とは、強みを打ち消すほどの欠点である。

たとえばあなたが新しいプロジェクトを立ち上げようとしたとき、メンバーとして選びたくないような、そんな人はいないだろうか。

では、なぜその人を選ばないのか？

その人が持つ欠点がプロジェクトの成功を妨げる要素になると考えるからだ。欠落的欠点の代表例を記してみよう。

・時間を守らない

・約束を守らない
・やりきらない
・他人の言うことを聞かない
・いつも不機嫌
・勉強しない

採用面接で、

「私は報連相をまったくしないので、前の職場では怒られてばかりいました」

と聞いて、その人を採用したいと思うだろうか。

どんなに素晴らしい強みがあったとしても、こういう人とは一緒に仕事をしたくないと思える。そのような致命的な欠点を、マネジャーは軽視すべきではない。

まだ若い頃は弱みを克服するよりは、強みを伸ばしたほうがいい。しかし、**欠落的欠点は是正させるべきだ**。そうでないと、どんなに強みを伸ばしたとしても、周りの人から一緒に仕事をしたくないと思われてしまうだろう。

第9章

「チームワーク」と「競争意識」のバランスは？

――チームの形態とストレスマネジメントを意識しよう！

□本当に「競争」から「共創」の時代になったのか？

「競争よりも共創の時代だ」

近年は、同じ「きょうそう」でも、競って争う「競争」ではなく、共に創る「共創」の時代だ、と言われる。

「最近の若い子に過剰なストレスをかけてはならない」

「競争なんかさせたら辞めてしまう子もいるんじゃないか」

そうしたマネジャー層の声を聞くことも少なくない。

とはいえ、どんなシチュエーションでも、誰に対しても「共創」でいいのか、というと、私は「違う」と考えている。

なぜなら、「共創」がうまく機能するためには、「競争」とのバランスを考える必要があるからだ。

ただし、そのバランスの解説に入る前に、そもそも「共創」が失敗につながってしまう要因について解説したい。

■「共創」を重視して失敗する3つのキーワード

「競争よりも共創だ」というスローガンのように、他人と比較せず、みんなで手を取り合って結果を出そう——という表現は聞こえがいい。しかし多くのケースでは「きれいごと」で終わってしまう。
その理由を、3つのキーワードで解説しよう。

(1) 社会的怠惰

(2) ヤーキーズ・ドットソンの法則

(3) レジリエンス

まずは(1)の「社会的怠惰」というキーワードを使って解説する。

社会的怠惰とは、個人が集団の中で自らの責任や役割を適切に果たさず、無意識のうちにラクをしようとしてしまうことだ。これにより、集団の効率や成果が低下する可能性がある。

たしかに、メンバー全員が力を合わせることで、個人個人の力ではどうにもならないことも実現できるようになることは多い。

しかし個人ではなく、チームに目標や役割が与えられると、メンバーが増えれば増えるほど、メンバー1人当たりの努力量が減っていくことも忘れてはならない。
実際に、1人だと〈10〉発揮できる努力量が、3人になると〈8・5〉にまで減り、8人になると半分よりも少ない〈4・9〉まで落ちるという調査結果もある。そう考えなくても、知らぬ間に手を抜いてしまうこともある。

この心理が、社会的怠惰である。

競争ではなく共創になることで、パフォーマンスが落ちる要因は他にもある。（2）の「ヤーキーズ・ドットソンの法則」というキーワードを使って解説しよう。

ヤーキーズ・ドットソンの法則とは、適度な緊張（ストレス）がパフォーマンス（作業効率）を高くする心理法則である。

つまり、共創により、果たすべき責任や役割が低下し、ストレスがなくなりすぎることがあれば、パフォーマンスも落ちるということだ。

もちろん緊張が強すぎると、過剰な興奮や不安によって、パフォーマンスが低下する。

だから行きすぎた競争意識はＮＧである。だが、そうでなければ競争心はプラスの効果が働くことが多い。

最後に（３）の「レジリエンス」というキーワードを使って解説したい。

レジリエンスとは、逆境や困難な状況に陥ったとき、自ら回復する力のことである。

逆境や困難は、まさしくストレスがかかる状況であるし、それを乗り越えてこそ、組織やメンバーの成長・成果につながっていく部分も大いにある。そして、このレジリエンスはストレスがかかることによって、鍛えられるものでもある。

したがって、競争から共創への方針の転換で、あるべきストレスが失われることがあれば、それはメンバーの成長、ひいては組織の成果を損なうこともありうるのだ。

ストレスマネジメントの考え方

つまり、**「共創」が失敗する要因は、総じてストレスがなくなってしまうことだ**、と言える。

そこには、ストレスも含めてマネジメントを行うという視点が欠けているのだ。

ストレスマネジメントを行うには、ストレスに関する3つの要素である、**ストレス反応、ストレス強度、ストレス要因**を考慮しなければならない。

ストレス反応は、ストレス強度とストレス要因の組み合わせによって決定される。

大きなストレス要因（重要な取引先からのクレーム、仕事の大きなミス）があれば、誰だって相当なストレス反応を起こすだろう。「大丈夫だ」「次につなげよう」と前向きに捉えられるのは、ストレス強度が高い人だけだ。

反対に、どんなに小さなストレス要因（満員電車で足を踏まれた、お客様に居留守を使われたなど）でも、ストレス強度が低ければ、大きなストレス反応が出てしまうものだ。

ちょっとしたできごとに、いちいち腹を立てたり、不機嫌になっていたら、ビジネスはうまくいかない。

たとえば、新しいプロジェクトメンバーになり、やったこともないようなタスクをリーダーに言い渡されるたびにいちいち不安になっていたら、仕事にならないだろう。

適度なストレスがあることでパフォーマンスが高くなることは述べた。それだけでなく、適度なストレスは自分のストレス強度のアップにつながるいい機会だ。そのことは忘れないでいよう。

ストレス強度が高まっていない状態で、ストレスをかけないように周りが干渉しすぎると、メンバーのパフォーマンスだけでなく将来への成長をも阻害することになる。

したがって、

「最近の若い子に過剰なストレスをかけてはならない」

「競争なんかさせたら辞めてしまう子もいるんじゃないか」

そんな風に考えていたら、いつまで経ってもひ弱なメンバーのままでいることになる。

ゆえに、特に実力がまだついていないときは、競争を意識させる取り組みはストレス強

ストレス要因とストレス強度とストレス反応の関係

ストレスに強くなるにはストレス強度に合わせた負荷をかけること

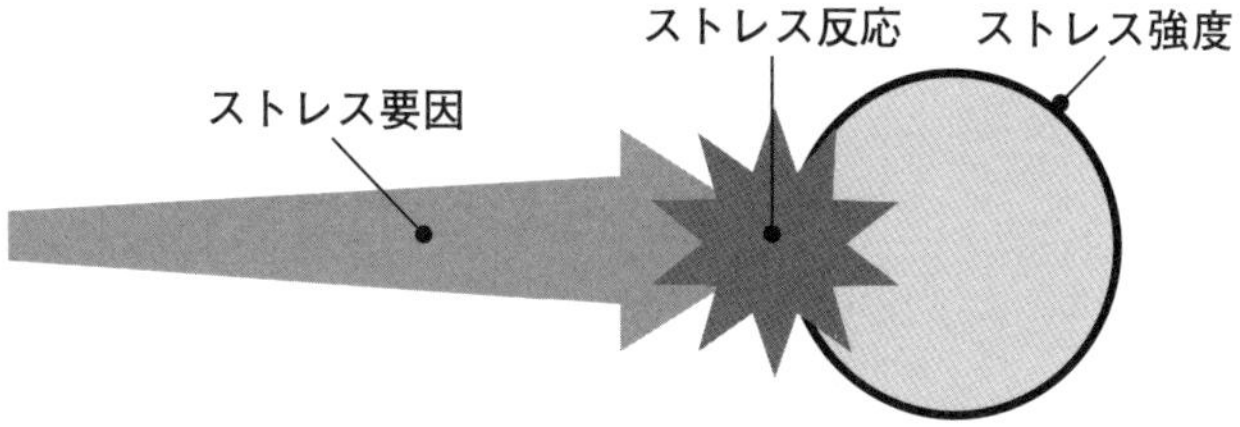

ストレス強度と負荷との関係

ストレス強度を高めるために適度な負荷をかけていく

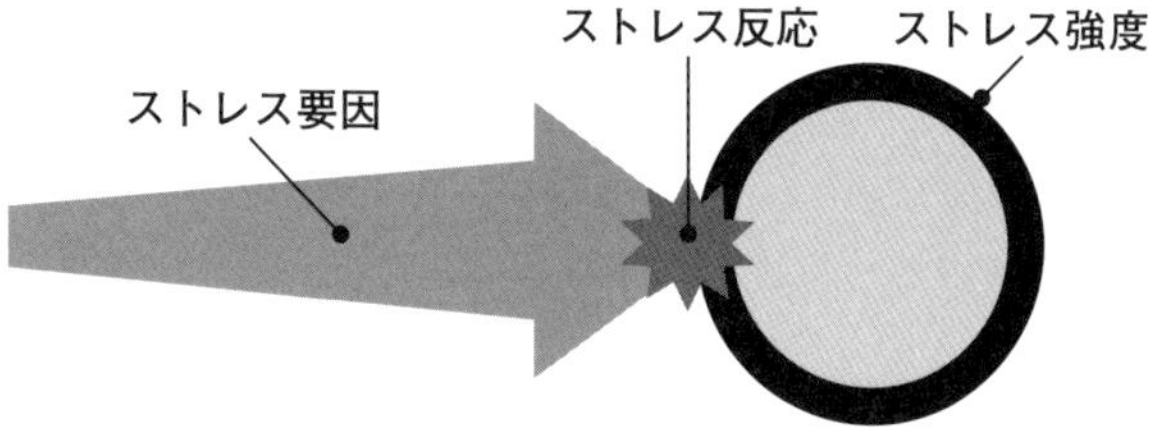

度をアップさせるいい機会となるのだ。

□「共創」と「競争」のバランスを考える3つのポイント

これまでは、「共創」を重視することで失敗してしまう要因を見てきた。

しかし、安易に

「やっぱり競争がいいんだ！」

となってしまっては、それこそ過剰なストレスとなって、むしろパフォーマンスが低下しかねない。

だからこそ「共創」と「競争」のバランスを見極めていくことが大事なのである。

では、どういった観点から健全な「競争」と「共創」を考えればよいのか。意識すべきポイントは次の3つだ。

（1）チーム形態
（2）会社のステージ
（3）チームか個人か

□メンバーは流動的か固定的か

まずは（1）チーム形態の切り口で考えてみよう。

チーム形態は、メンバーが変動か固定かで2種類に分けられる。

（A）メンバーを自由に変動させられるチーム形態
（B）メンバーは基本的に固定になっているチーム形態

（A）はプロスポーツチームのような形態である。監督やコーチの判断で、メンバーを比較的自由に入れ替えることができる。こういったチームであれば、何かのルール、仕組みがなくても自然と競争意識が生まれるだろう。

外資系の会社のチームもこのような部類に入る。**メンバーの流動性が高いチームは、それなりの緊張感をもって仕事にあたるものだ。**チームもチームで、メンバーに「成長できない」と烙印を押されたら他のチーム、もしくは他社へと転籍してしまう。

ここでは、チームもメンバーも、相互に依存することのない関係と言えるだろう。それどころか過剰な競争意識が生まれ、足を引っ張り合うという事態に陥ることもある。だから「チームワーク」や「共創」を打ち出したほうがいいケースが多いのだ。

一方で、（B）は一般的な日本企業の組織だ。メンバーの流動性が低く、ほぼ固定化している。雇用形態がメンバーシップ型だからだ。「メンバーに選ばれない」という事態は（基本的に）発生しにくいので、「馴れ合い」になっていくことも多い。

だから緊張感を保つために、昭和の時代は「強面《こわもて》」の上司が、支配型リーダーシップをふるっていたのだ。

しかし、令和の時代はそのようなリーダーシップを発揮しづらい背景もある。メンバーに選ばれないというストレスが基本的にはないのだから、何らかの競争意識を駆り立てる仕組みはあったほうがいいだろう。

□ 会社は成長期にあるか成熟期にあるか

次に（2）会社のステージの切り口で考えてみる。

会社が創業期、成長期のステージなら、競争意識を駆り立てるような取り組みを積極的にしてもいいだろう。波に乗っている時期ゆえに、自然とメンバーのストレス強度も高くなる。

成績を見える化し、ゲーム感覚で競わせてもいい。上位にランキングされている人や部署をリアルタイムに公表してもいいかもしれない。

しかし、**成熟期に入ってしばらくした会社なら慎重にすべきだ**。変化が乏しい毎日を繰り返していると、確実にストレス強度は落ちていく。想像以上に打たれ弱いメンバーがいるかもしれない。

リアルタイムで見える化するのではなく、1カ月に1回など、定期的に公表する工夫をしよう。大々的な表彰式や金一封などの贈呈などは控えたほうがいいかもしれない。

衰退期に入っていたら、あまりお勧めしない。他のメンバーに勝ちたいという競争意識よりも、このままだと沈没してしまうという危機感を訴えたほうがいいだろう。

▢ チームに対してか個人に対してか

最後に（3）チームか個人かについて考えてみる。

可能ならチームも個人も、両方で競わせるべきだ。もし難しいのなら個人だけでもいい。チームだけを競わせると、社会的怠惰の現象が起きる。個人のストレス強度も上がりづらいだろう。

また、結果ではなく、プロセス指標で競わせるケースもある。ストレス強度が高くないメンバーには、できない理由のないKPIを設定する。そうすることで、心理的ストレスを和らげることもできる。

なぜ「競争」は健全なのか？

「競争意識を煽るのは、不健全ではないか？」

そのように疑問を持つ経営者もいる。

「もっとメンバーの主体性を尊重すべきではないか」

という意見もよく耳にする。もちろん、その意見はごもっともだ。しかし、「人それぞれ」「ケースバイケース」で考えてほしい。

どのような人に対して、どんなケースで、その考え方が有効なのか、をである。

近年、「ティール組織」「サーバントリーダーシップ」「心理的安全性」といった組織論やリーダーシップ論が注目されている。これらは、伝統的なトップダウンの階層型組織や支配型リーダーシップからの脱却を求める動きとして、多くの企業や団体で取り入れられている。

こういった概念が注目される理由は、昨今のビジネス環境が非常に速く変化していることにあるだろう。多様な背景や視点を持つ人々が協力することで、より革新的なアイデアやソリューションを生み出すことができるからだ。

しかし、間違えてはいけない。

「チームワーク」や「共創」は、新しいアイデアや発想、問題発見をするときに必要な概念だ。

まだ実力が足りておらず、正しい成果を出してもらうときには効果が薄い。逆効果のときもある。

放っておいてもガンガン主体的にチャレンジするメンバーばかりならいい。しかし、それほど自主的に動くわけでもない、というメンバーが多ければ、何らかの形で負荷をかけなければいけないのだ。

上司が口酸っぱく指示、命令するのもいいが双方大きなストレスに見舞われる。上司が言えば動くが、言わなければ動かないという部下になっていく可能性もある。

それを考えれば**「競争」は、はるかに健全である**。ストレス要因の度合いもそれほど大きくはないはずだ。単に慣れていないだけのことが多い。

ただし、勝ち負けとは関係なく評価をすること、負けたからといってメンバーから外さないこと。

それらの条件を満たしていれば、チームを活性化させるうえで、「競争」はとてもリーズナブルな取り組みなのだ。

第10章

「お金」と「やりがい」のバランスは？

――何のために仕事をやるのか、と聞かれたら

□「やりがい」よりも「お金」を重視する若者たち

失意のマネジャーと会ったことがある。彼女は悲嘆に暮れていた。手塩にかけて育てた部下が転職したのだ。その理由が、

「お金」

だった。

「この収入だと結婚しても子どもを持てない。夢は2人の子どもにマイホーム。だから、

転職を決めました」

このように言われたそうだ。しかもそれを聞いたのは、転職を決めた後だった。決意は固く、もう止めようがなかった。

「わが社で働いたって、それができるぐらいの収入はもらえるのに！」

マネジャーはそう嘆いていた。

普段から「やりがいのある仕事がしたい」「成長できる仕事をさせてほしい」と言っていた。だから、まさか「お金」を理由に転職を決めるとは想像していなかった。

他にも
「今の若い人って、お金よりも『やりがい』を重視しますよね？　そう信じ込んでいたせいで、すっかり勘違いしていた」

こう言っている経営者もいた。

では、実際のところはどうなのだろうか？

▢統計では「やりがい派」より「お金派」が急増中！

統計では、実は「やりがい」よりも「お金」である。

「みんなの転職『体験談』」サイトが調査した結果では、**その傾向は20〜30代の若者に顕著だ**。その割合は２０１９年以降に逆転し、ドンドン差が広がっている。

実際のデータを見てみよう。

- ２０１７年　お金（45％）　やりがい（55％）
- ２０１８年　お金（48％）　やりがい（52％）
- ２０１９年　お金（51％）　やりがい（49％）
- ２０２０年　お金（52％）　やりがい（48％）
- ２０２１年　お金（50％）　やりがい（50％）
- ２０２２年　お金（56％）　やりがい（44％）

・2023年　お金（59％）　やりがい（41％）

「衰退途上国」とまで言われる日本に希望を持てなくなった、ということだろうか。ロマンチストよりもリアリストの若者が増えていることを、上司たちは心に留めておいたほうがいいかもしれない。

もちろん、誰だって「お金」も「やりがい」も両方を満たしたい。しかし、どちらかを選べと言われたら「お金」と答える人のほうが増えている、ということだ。

それに、誰だって

「仕事に求めるものは何か？」

と質問されて、

「お金」

とは、なかなか答えられない。

相手の心証や周りの目も気になる。だから、

「私はお金よりも、やりがいを重視したいです」

と言われても、十分に気をつけたい。
その発言をどこまで真に受けたらいいのか、わからないからだ。

「お金」と「やりがい」ではスケール感が違いすぎる

ケースバイケースだが、私も「やりがい」より「お金」のほうを重要視したほうがいいと考えている。

なぜなら、「お金」と「やりがい」とは、比較してはいけないほどスケール感が違うからだ。雑談ネタとしてなら比較していいかもしれない。だが、真剣に考えるつもりなら、この後の文章をしっかり読んで、考える材料にしてもらいたい。

では「お金」と「やりがい」について、2つの切り口を用いて考えてみよう。

(1) マズローの欲求段階説

（2）資本／資産

まずは（1）の「マズローの欲求段階説」だ。人間の欲求を5段階に分けた、心理学者アブラハム・マズローの理論である。その5段階とは次のとおり。

①生理的欲求↓食事・睡眠・排泄など、生理現象や生命にかかわること
②安全の欲求↓健康や、安全に暮らせる場所、経済的安定にかかわること
③所属と愛の欲求↓友達や恋人、仲間など精神的なつながりにかかわること
④承認（尊重）の欲求↓他者から承認・尊敬されたいと思うこと（社会的地位や名誉）
⑤自己実現の欲求↓自分の可能性を試したい、伸ばしたいと思うこと

一般的に「お金」と「やりがい」は、どの段階に属するのか？

「お金」は安全の欲求で、「やりがい」は自己実現の欲求だ。優先順位としては、もちろんお金が先にくる。

ただ、お金が増えることで承認欲求が満たされることもあるし、お金をたくさんもらう

マズローの欲求段階説

一般的にお金は第2段階、やりがいは第5段階に属する

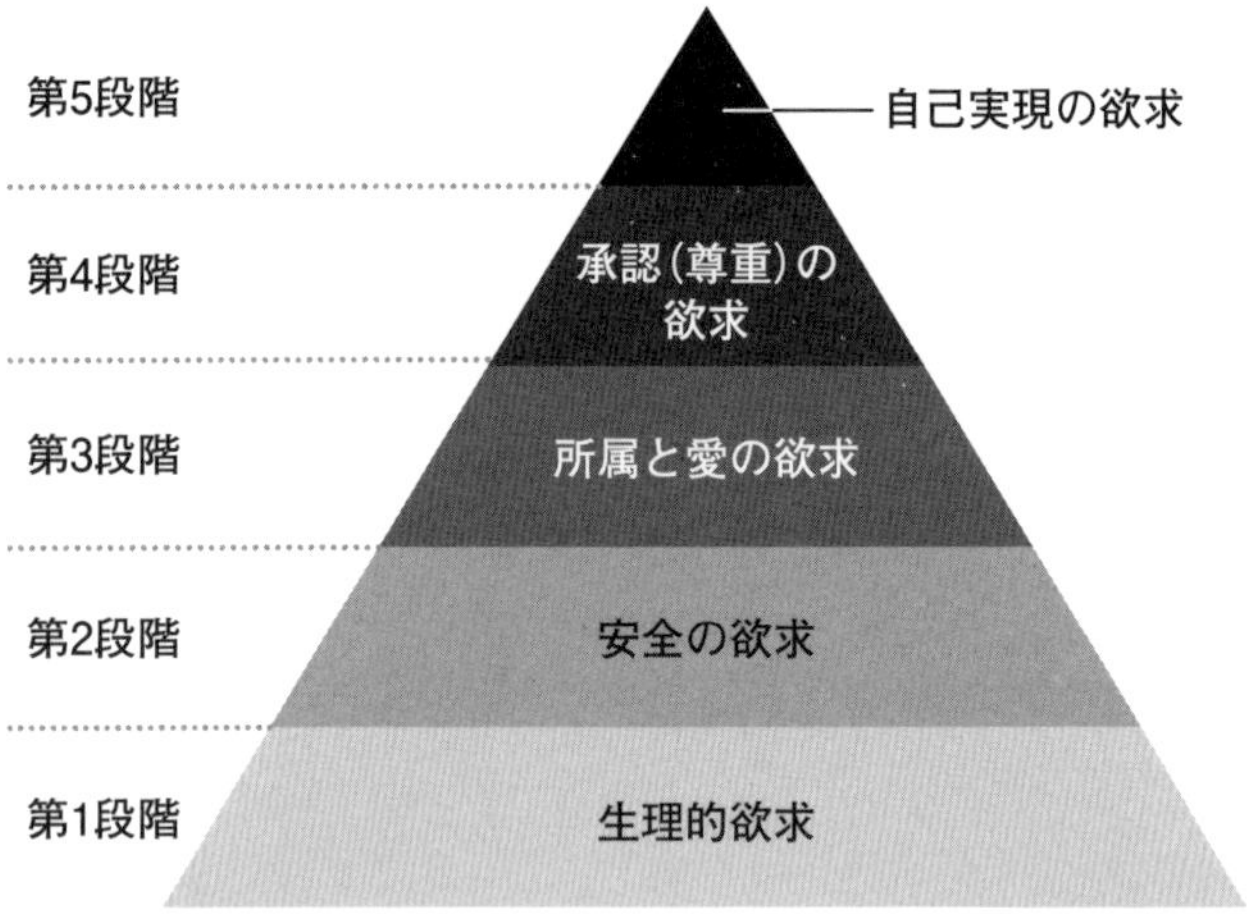

ことで自己実現につながる人もいる。お金は「安全の欲求」を満たすだけではない、ということも忘れてはいけない。

□「資本主義のゲーム」を戦う私たちが余裕を持つために

ここで、私の独自な考え方を披露しよう。もっと別の視点で、この世界を捉えるのだ。その視点とは、資本と資産である。

私たちは資本主義の世界で生きている。資本主義という名のゲームをやっている、とたとえたらいいだろうか。そう考えれば、頭は整理しやすい。

なぜなら資本主義のゲームをやっていると受け止めたら、**「資本」を多く持っている人のほうが有利だ**、と理解できるからだ。

それでは資本とは何か?

資本は「もとで」になるもの、である。

いちばんわかりやすいのは「体」だろう。多くの人が「体が資本」という表現を使う。何よりも体、健康が人間にとって最大の資本と言える。

私は「体」のみならず、「心（マインド）」「技術（スキル）」も資本だと捉えている。幼少の頃から空手や剣道を習ってきたので、いつも「心技体が資本」だ、と教えられた。

一方、お金は「資産」だ。

資産とは、資本をもとでにして生み出すもの。

お金以外にも、資産と呼ばれるものはたくさんある。

名著『LIFE SHIFT』（東洋経済新報社刊）では、今後の人生100年時代を生き抜くには、「生産性資産」「活力資産」「変身資産」といった3つの無形資産が必要、と書かれている（これまでは金融資産、不動産資産、社会的地位といった有形資産が成功の証であったが）。

生み出された資産が「もとで」になって、また新たな資産を作り出すこともある。

いずれにしても、資本主義の世界で生きている以上、資本・資産を正しく捉え、それらを大事にしたり、より多く持とうとすることで余裕ができる。豊かになる。

マズローの欲求段階説に戻ろう。

お金は「安全の欲求」だけを満たすため、と考えるのであれば、生活水準をそれほど上げなければいい。そうすることで、お金に対する欲求は減ることになる。

ただ、「お金」はいろいろな資産を生み出す「もとで」にもなる。

たとえば「体が資本」と書いたが、「健康資産」を増やすためには、お金があったほうがいい場合も多い。お金に余裕がないと、身を粉にして働かなければならなかったり、病気でも仕事を休めなかったりする。

体を鍛えるためには仲間や道具が必要だったり、適した環境を手にしたほうがいいことも多い。食事に気を遣うためには、安価な食べ物ばかりだといけないだろう。

「知識資産」「スキル資産」を増やすためにも、お金はとても役立つ。本を買ったり、オンラインサロンに入会したり。お金に余裕があるからこそ、心の余裕、時間の余裕を手にすることができる。

つまり「お金」は、私たちが必要としている資産を生み出す、重要な「もとで」の1つなのだ。**「お金」を忌み嫌う人は、「浪費」「消費」「投資」の3つのうち「浪費」にだけ焦点を合わせているのだろう。**そういう人は、

「そんなにお金をたくさんもらって何に使うんだ？　私はお金なんかよりも『やりがい』を選びたい」

こんな風に言うのだ。しかし「消費」や「投資」でお金を捉えられたら、お金の価値を見直すのではないか。

「安全の欲求」を満たす「お金」の水準も人それぞれ

「お金」と「やりがい」のどちらを仕事に求めるのか？

頭を悩ませる部下もいるだろう。だから、マネジャーは部下の頭を整理させてあげることが大事だ。

まず、相手の現状を正しく知ろう。何らかの事情で、現在の収入だけでは「安全の欲求」を満たせないこともありうる。

「最近の若い子は、お金よりも『やりがい』だろう」

などと決めつけてはいけない。

「いくら欲しいんだ?」

と質問しても、相手は答えづらいはずだ。そういうときは、

「これだけ頑張ったら、評価がこう上がって、収入はこうなっていく」

などと、収入シミュレーションを具体的に説明してみよう。

具体的な数字も表現すると、いい。

「A評価が連続すると昇級して、だいたい430万円ぐらいになる」

「このままの評価なら3年後には620万円になり、インセンティブを加えると700万

円を超える」

こう伝えるのだ。その際、キチンと相手を観察してほしい。

「年収が500万円を超えるには、何年かかりますか?」

「1000万円を超えるケースは、どんなケースですか?」

そのように具体的に質問してくる人は、何らかの事情があるかもしれない。子どものこと。親のこと。家のローンのこと……。

これから手に入れるものではなく、すでに確定しているものがあるなら「安全の欲求」がかかわる。

実際に、次のような若者がいた。

すでに結婚が決まっていた25歳の男性だ。結婚相手から、

「将来はマンションを買い、子ども2人を作って家族4人で暮らす。そのためには30歳のときに年収650万円は超えてほしい」

と明確に伝えられていた。だから彼はお金が欲しかった。

この欲求は「承認（尊重）の欲求」でも「自己実現の欲求」でもない。「安全の欲求」だったのだ。30歳で年収650万円は「ウォンツ」というより「マスト」だった。

だから彼は、その年収が実現できないと判断したとき、転職を決めたのである。

「やりたい仕事」と「やりがいのある仕事」は全然違う

「お金」に比べて「やりがい」は、考える要素が少ない。

「この仕事はやりがいを感じる」

「今の仕事を心から楽しいと思える」

こういった仕事に対するポジティブな感情は、世間一般的に使われている。だが、実のところ極めて曖昧で、つかみどころがない言葉だ。

そのため、ほとんどの人がどういう仕事にやりがいを感じるか、言語化が難しい。「好き」とか「興味がある」「印象がいい」といった感情ならともかく、「やりがい」なんて、ほぼ誰もうまく表現できないだろう。

理由は簡単だ。

なぜなら「やりがい」とは、

「大変だったけど、みんなに感謝されたんだから『やった甲斐があった』な」

という風に、負担は「あった」がそれでもやる意味は「あった」と、**過去を振り返って思い出す感情のことだ**。

だから、やったこともない仕事に、やりがいを感じられるかどうかは、判断しようがないのである。

決して混同してはいけないのは、「やりがい」と「やりたい」である。

「やりたい仕事」なら選ぶ前からわかるが、「やりがいのある仕事」は選ぶ前からわかりようがない。

「やりたい仕事」なら、誰も迷わない。その仕事を選び、どんなに大変なことがあっても努力し、そこで成果を出したら、誰が何と言っても楽しいだろう。やりがいを覚えるはずだ。「自己実現の欲求」が満たされるからだ。

しかし、「やりたい仕事」が見つかっていない人はどうしたらいいのか？

マネジャーは「Willハラ」に気をつけよう！

こういうときは「プランド・ハップンスタンス（計画された偶発性）理論」の考えで頭を整理しよう。これは、**偶然の出来事に最善を尽くしていくことで、自分のキャリアが開発されていく**、という考え方だ。

だからマネジャーは、

「君のやりたいことは何だ？」

と、執拗に尋ねることはやめよう。

「若いのに、やりたいことも見つからないのか？」

と、あまりに夢やWill（やりたいこと）ばかり聞いて相手を追い詰めると「Willハラスメント＝ウィルハラ」になる。

多くの人は、明確な「やりたいこと」などないものだ。

しかし、「Must（やるべきこと）」をやっていると、「Can（やれること）」が増えていき、「Will（やりたいこと）」が見つかる可能性が高まる、ということはある。

当然、この過程において「やりがい」も感じられるだろう。

努力を重ね、周りから協力してもらいながら、与えられた職務をまっとうできたら、「大変だったけど、やった甲斐がありました。ありがとうございます」と謙虚な気持ちになるものだ。


つまり「やりがい」は、マネジャーが正しく部下と向き合い、適切な目標を設定し、その目標を達成させようと支援をし続けたら、継続的に手に入るものなのだ。

それをせずに、

「やりたいことは何だ？」

「君がやりがいを感じるものは何だ？」

と尋ね続けても仕方がない。

「お金」と「やりがい」に関してどう感じるかは、個人差が非常に大きい。しかし、目の前の仕事でしっかり成果を出し、その先にキチンとした報酬があると説明できれば、「お金」も「やりがい」もおおよそ満たされるのではないか。

マネジャーも部下も、正しい前提知識を持ち、対話を通じて考え続けよう。そうすることで、それほど「お金」か「やりがい」か、と迷うこともなくなるはずだ。

第11章

「今までのやり方」と「新しいやり方」のバランスは？

――流行もいいけれど忘れてはいけないこと

「タイパ」で判断する若者たち

「リアルは、タイパが悪すぎる」

コロナが落ち着いて以降も、対面での仕事を嫌がる若者たちの声を耳にする機会は多い。

特に驚いたのは、「入社式にオンラインで参加したい」という話だ。

会社説明会も、採用面接も、入社手続きも、オンラインが主流の昨今、入社していきなりリアルだと言われると、タイパが悪いと感じるのだろう。

日本の労働生産性は世界30位（OECD加盟38カ国中）。デジタル競争力は32位（国際経営開発研究所が調べた64カ国中）に甘んじている。しかも年々低下傾向にある。

もちろん若者たちは、その事実を知っている。そしてそれが今のベテラン社員たちが招いたことも理解しているのだ。

だからこそデジタル化の波に遅れ、いつまでも生産性の低い仕事をしていたら、若者からそっぽを向かれるのは間違いない。

実際に、3年以内に離職する新入社員の多くは「変わろうとしない上司、職場」に強い失望感を抱くという。

いろいろな事情があり、なかなか変われないこともあることは若者だって理解している。

しかし、**「変われない」のと「変わろうとしない」のとでは、大きな差がある**。

▢何でもかんでも「新しいもの」を導入すればいいのか？

とはいえ、何でもかんでも新しいことを取り入れたらいいかというと、そうではない。

常に意識すべきは**「不易流行」**である。

不易流行とは、松尾芭蕉の、俳諧に対する考え方として有名だ。伝統を大切にしつつ、時代に応じて新しいものを取り入れていく姿勢のことだ。

したがって「変えてはならないもの／変えるべきもの」の区別ができれば、それほど迷うことはない。

樹でたとえると、わかりやすい。樹を「幹・枝・葉」の3要素で分解し、それぞれの要素の意味合いをこう考えてみよう。

・幹＝目的、目標、あり方

・枝＝方針、戦略、考え方

・葉＝手段、行動、やり方

幹や枝は本質的な部分だ。どのような目的、目標があるのか、その目標を達成させるために、どのような方向性でやるのか。このあたりの考え方は、昔から変わらない。

変えるかどうか悩むのは、葉の部分である。

つまり、**「あり方」は変わらないが、「やり方」は時代によって変わる場合がある**、ということだ。ここさえ押さえておけばいい。

では、身近な話題としてコミュニケーション手段を取り上げ、解説してみたい。

□ 正確に伝えたいなら、どんな「やり方」が効果的？

結論から書こう。**相手に何かを伝えたいときは、オンライン一択だ**。オンラインというよりも「**テキスト**」と表現したほうがいいか。

・言語コミュニケーション
・非言語コミュニケーション
の違いを頭に入れておけば、この区別はしやすいはずだ。

仕事の依頼内容、アイデアの中身を、できる限り正確に伝えたい場合、私がおススメする「やり方」は、次の順番である。①チャット、②メール、③オンライン会議、④リアル会議（面談）、と考えている。

理由は次の4つである。

(1) 非言語情報がカットできること
(2) 編集ができること
(3) 何度も確認できること
(4) 後に残ること

まず（1）が最も重要だ。相手の表情や態度、姿勢といった非言語情報が入ってくると、正しく言語情報を受け取ることが難しくなる。

たとえば部長がリアル会議で「上半期3つの方針」について20分ぐらい話したとしよう。話し終わった後、おそらく

「何か、質問があるか?」

と尋ねても、ほとんど誰も質問しないはずだ。

「わかったか?」

と部長から言われたら、たいていのメンバーは「わかりました」と即答する。これがよくあるリアル会議の光景である。

このような会議に20年近くコンサルタントとして出席して、わかっていることは、ほとんどのメンバーは部長が話したことを頭に入れていない、ということだ。

過去に何度も「出口調査」をしたことがある。今回のケースでいえば、会議室の出口に立って、1人1人のメンバーにインタビューするのだ。

「部長が話された上半期3つの方針は理解できましたか?」

「はい。よく理解できました」

「具体的に、どんなことを理解できましたか？」

「えっと、それは……」

方針に基づいた具体的な行動について覚えている人は、かなり少なかった。それどころか、3つの方針すら記憶していないメンバーすらいた。会議が終わった直後だというのに、である。

これを聞いた部長は、

「こんなに意識が低いメンバーばかりだとは、思わなかった」

こう言って、ひどく落胆した。

だが、当然といえば当然だ。部長という肩書きは「非言語情報」だ。リアルで会えば、どんなにフランクに話されたとしても緊張する。部長が醸し出す権威性やオーラみたいなものを無視できる人は少ない。

「気にしないで、ドンドン質問すればいい」

と部長は言うだろうが、簡単ではない。

会話の「キャッチボール」ができる手段を選ぶ

それにしても、口頭で話すと何が問題なのだろうか? それは、話がまとまらないことだ。これは文字起こしをしてもらえれば、わかる。

話した言葉をそのままテキストに変換してみたらいい。今ではＡＩの音声認識機能を使えば簡単にできる。

私も過去、多くの取材を受けた。理路整然と話したつもりだが、話した内容をそのまま文字にされた文章を読んで、かなり失望した。

私の話し方がヘタなだけかもしれないが、それにしてもヒドイ結果だった。原稿を事前に用意しておくか、ＴＶキャスターのように毎日鍛錬しない限り、わかりやすく話すことは非常に難しいのである。

だから、（2）の「編集ができること」というのは、とても大きな利点だ。

部長に対して若いメンバーが質問したとする。その質問が的を射ていたらいいが、そうでなかったら、

「何の質問をしてるの？」

「君は、何を言っているのか、自分自身でわかってる？」

と言われてしまうかもしれない。

しかし、テキストベースのチャットやメールだと、テキストを打ち込んでいる最中から編集できる。送信する前に読み返すこともできる。

部長が話すこと、メンバーが質問すること、それぞれの内容を思いつくまま口頭で放つより、落ち着いて編集できるチャットやメールのほうが正しく伝わるのだ。

大事なことは「対話」すること。言葉のキャッチボールをすることだ。

だから（3）の「何度も確認できること」も大事なのである。

目的（幹）は相手が理解すること、納得すること、認識のズレがなくなることだ。

1回や2回のキャッチボールで、

「ほぼ理解できた」

という状態に持っていくことは不可能である。

話し手は、聞き手がキャッチしやすい球を投げること。そして聞き手も、話し手がキャッチしやすい質問を返すことだ。

特に、まだ経験の浅い若者に何かを伝えるときは、球を投げつけてばかりではいけない。ちゃんとキャッチボールできることが重要だ。

メールよりもチャットをお勧めするのは、リアルタイムにキャッチボールがしやすいツールだからである。

「メールで書くより、話したほうが早い」という屁理屈

情報共有することはすべて、口頭で伝えるべきではないと私は考えている。口頭で話すというのは、空中に言葉を放っているようなもの。

空中に舞った紙吹雪をすべて捕まえられないように、放たれた言葉をすべて把握することはできない。

私はコロナ禍になってから事前に文書や動画を作り、それを相手に送ってから1対1で話すようにしている。

そこまでできないなら、少なからず（4）の「後に残ること」を意識してコミュニケーションをしよう。チャットでもメールでも、文章として蓄積される。オンライン会議のツールを使えば、録画して残すことができる。

「部長は途中で何と言っていたのか。メモが追いつかなかった」

という場合、録画したオンライン会議の様子を再生させればいい。

「たしか、会議が始まってから10分ぐらいに言っていた」

と思うなら、倍速で視聴して、その個所を後で見つけたらいい。

たまに、

「メールで書くより、話したほうが早い」

と言う人がいる。しかし、これは屁理屈だ。幹（本質）ではなく、枝や葉っぱにしか意識が向いていない。

デジタルやオンラインのツールを嫌がる人は、
・覚えていないだけ
・慣れていないだけ
である。


若者と同じ目線でコミュニケーションするためにも、まずは覚え、慣れるところからだ。

それもしないで否定すると、信頼関係は生まれない。

実は意味のある「無駄な時間」と「無駄な会話」

それでは、リアルのコミュニケーションはすべて無駄なのか、というと、そんなことはない。

実はコミュニケーションにおいて大事なのは、「言語コミュニケーション」よりも「非言語コミュニケーション」と言われる。

チャットやメールでは、ほとんど「非言語情報」が伝わらない。電話でも声色しか伝わらない。だから、リアルで会うことは重要なのだ。

とりわけ相手と関係ができない間は、少し「無駄」や「遊び」の時間があったほうがいい。

たとえば、お客様を訪問し、受付で挨拶してからミーティングルームに通されるまでの間は、一見「無駄な時間」だ。オンラインミーティングにすれば、そんな時間を省略できる。

しかし、その「無駄な時間」が有効なときもあるのだ。

エレベーターでばったり会った瞬間や、ミーティングルームへ一緒に歩いている最中は、お互い肩の力が抜けている。それぞれ隙を見せられる「間《ま》」なのである。

「今日は暑いですね」

「いや、本当に」

「私の娘が、ぼやいてました。あ、実は、私の娘が柔道部でして」

「柔道部ですか！」

「暑い日の稽古は、しんどいらしいのですよ」

「それはそれは」

こういうタイミングで交わす会話が、お互いの距離を縮めるものだ。**「無駄な時間」がない限り、「無駄な会話」ができないのだから。**

「無駄な会話」から「意外な発見」が生まれ、それがときに「素敵な幸運（セレンディピティ）」をもたらすこともある。

関係ができていないときは「リアル」重視で！

冒頭に書いた入社式の話だってそうだ。できる限り、リアルで実施すべきだ。

「タイパが悪すぎる」

だなんて、本来は考えるべきではない。

実際にリアルの入社式に参加したら、**思いがけない出会いも多いはずだ**。会場に入ってみたら、新入社員を心底歓迎したいと思って動いている先輩社員を目にするかもしれない。式の待ち時間に直属の上司に何気なく声をかけられたりする経験は、かけがえのないものだ。

オフィスに入ると忙しそうに歩くベテラン管理職。テキパキと電話応対をする同年代の先輩社員。そういう人たちを目の当たりにして、

「早く一人前にならなくちゃ」

と思うものである。そういう経験をカットしてはいけない。

オンラインで入社式に参加したら、そんな気分を味わうことはない。画面から目を背けた瞬間に、ふだんの日常に戻ってしまう。最初からメリハリのない仕事生活を送ることになってしまうのだ。


今回は特にコミュニケーションにまつわる「やり方」に着目したが、いずれにしても、「幹・枝・葉」で考えたとき、必要なのは今までのやり方か、それとも新しいやり方かを十分に検討する余地があるだろう。

手段（葉）が目的（幹）にならないように気をつければ、おのずと「今までのやり方」がいいのか、「新しいやり方」のほうを選択すべきか、がわかってくるはずだ。

おわりに

「若者に辞められると困るので、強く言えません」

この原稿を執筆している最中も、私は何度も耳にした。40代の経営者、60代の総務部長、30代の課長、それに26歳の若手からも、

「辞められると困るので、厳しく指導したくない」

と言われたことがある。

私たちと同世代（40～50代）だけでなく、20代、30代の人にも、この「辞めこま思考」が浸透しているようだ。

しかし、

・辞められると困るので、なかなか残業させられない

・辞められると困るので、できるだけ負荷のない仕事をさせている

こういった「辞めこま思考」で仕事をするのは不健全だ。

もちろん社員は大切だ。しかし社員に気を遣いすぎるあまり、お客様視点を忘れてしまってはいけない。経営のバランスが悪くなるし、せっかくの事業ポテンシャルも発揮できなくなる。

そういう意味で、今後ますますマネジャーの「バランス感覚」が求められる時代になる。急激に若者が減っていく日本社会において、若者が定着し、しっかり力を発揮できる企業しか生き残れないからだ。

そのためにも、本書を参考に、マネジャーの皆さんが常にアップデートされていくことを強く願っている。

＊＊＊

最後に、本書の執筆にあたり東洋経済新報社の川村浩毅さんに心からお礼を申し上げたい。

２０２３年の春。当時24歳だった川村さんからこの企画を聞いたとき、まずこのタイトル案に驚いた。私よりも30歳近く若いZ世代の川村さんが、なぜ

「若者に辞められると困るので、強く言えません」

というタイトルを思いつき、私に企画をぶつけてきたのか。そのときは理解できなかったが、その後すぐさま、たくさんのアイデアが天から降りてきた感覚は今でも鮮明に覚えている。

川村さんとの出会いがなければ、本書が世に出ることはなかった。

このような機会をいただき、本当に感謝しています。この書籍で多くのマネジャーの心の負担が減ることを心から願っています。

横山信弘

【著者紹介】
横山信弘（よこやま　のぶひろ）
株式会社アタックス・セールス・アソシエイツ代表取締役社長。経営コンサルタント。現場に入り込んで目標を「絶対達成」させることを信条としている。個人のスキルではなく、マネジメントの力で目標達成できる組織作り、組織改革を成功させてきた。NTTドコモ、ソフトバンク、サントリーなどの大企業から中小企業に至るまで、200社以上を支援した実績を持つ。15年間で3000回以上の講演、セミナーもこなす。『日経ビジネス』『週刊東洋経済』『プレジデント』など、各種ビジネス誌への寄稿、多数のメディアで活躍し、オーサーを務めるYahoo！ニュース記事は年間1000万を超えるPV数を誇る。メルマガ「草創花伝」は4万人以上の企業経営者・管理者が購読する。著書は『絶対達成マインドのつくり方』『絶対達成バイブル』など「絶対達成」シリーズの他、『「空気」で人を動かす』など多数。著書の多くは、中国、韓国、台湾で翻訳版が発売されている。

若者に辞められると困るので、強く言えません
マネジャーの心の負担を減らす11のルール

2024年3月5日発行

著　者――横山信弘
発行者――田北浩章
発行所――東洋経済新報社
〒103-8345　東京都中央区日本橋本石町 1-2-1
電話＝東洋経済コールセンター　03(6386)1040
https://toyokeizai.net/

ブックデザイン・DTP……二ノ宮匡（nixinc）
イラスト…………本村　誠
印　刷…………ベクトル印刷
製　本…………ナショナル製本
編集担当………川村浩毅

Printed in Japan　ISBN 978-4-492-55833-1